SIMON &
SCHUSTER

LIBROS EN
ESPAÑOL

¿POR QUÉ LLORAS?

UNA MIRADA EN
SERIO A LA VIDA,
EL AMOR Y LA RISA

GEORGE LÓPEZ

con
Armen
Keteyian

Traducción: Omar Amador

LIBROS EN ESPAÑOL
PUBLICADO POR SIMON & SCHUSTER
NUEVA YORK   LONDRES   TORONTO   SYDNEY

SIMON & SCHUSTER
LIBROS EN ESPAÑOL
Rockefeller Center
1230 Avenue of the Americas
New York, NY 10020

Para información respecto a descuentos especiales
para compras al por mayor, por favor,
póngase en contacto con Simon & Schuster Special Sales,
en el 1-800-456-6798 o en business@simonandschuster.com

Diseño por William Ruoto

Impreso en Estados Unidos de América

1   3   5   7   9   10   8   6   4   2

Datos de catalogación de la Biblioteca del Congreso
López, George.
[Why you crying? Spanish]
¿Por qué lloras?: Una mirada en serio a la vida, el amor y la risa /
George López con Armen Keteyian; traducción, Omar Amador.
p.   cm.
"Un libro Touchstone."
Includes filmographical references.
1. López, George.   2. Comedians—United States—Biography.
3. Television actors and actresses—United States—Biography.
I. Keteyian, Armen   II. Amador, Omar.   III. Title.
PN2287.L633A3   2005
792.702'8'092—dc22   [B]   2004065393

ISBN 0-7432-6785-0

A la mujer que me salvó de mí mismo: mi adorable esposa, Ann, y a mi bella hija, Mayan.

—*GL*

A las tres mujeres extraordinarias de mi vida: Dede, Kristen y KELLY (que pidió todo en MAYÚSCULAS), y a mi padre, Albert, ya fallecido, un hombre muy honorable.

—*AK*

CONTENIDO

¿Por qué lloras?   1

Te andan buscando   5

Gentes diferentes   13

No tener   21

Encanto   29

La bicicleta   37

Yo y Ernie y Freddie   41

Bodas en el patio   61

Mi tía   65

Las primeras experiencias   67

Arrancadas en falso   79

Líder del Equipo   89

Compromiso   91

Medicina... a la mexicana   107

Grandes oportunidades   113

La lámpara   127

CONTENIDO

viii

EMPIEZA LA FUNCIÓN   131

LLEGÓ LA HORA   155

DIVERSIÓN DE VERANO   157

COMIDA RÁPIDA LATINA   169

GANADOR DE PREMIOS   173

EL TECHO   187

HÉROE   189

TE AMO   209

UN DÍA DEL PADRE   213

COMENTARIO FINAL
(O: CHICO Y EL HOMBRE
DE "HARVARD")   219

LOS AGRADECIMIENTOS DE ARMEN   225

¿POR QUÉ LLORAS?

¿POR QUÉ LLORAS?

Tengo que confesarlo… Lloro por todo.

Una Miss América recién coronada, una persona entrevistada por Barbara Walters, un niño normal de segundo grado. Ninguno me gana.

Pero, cuidado, no te equivoques. Yo no soy… NO soy de los que lloran a grito pelado, ni el tipo que llora en las bodas. Casi siempre derramo mis lágrimas en la intimidad. A veces lloro pensando en el padre al que nunca conocí, en la madre que, realmente, nunca tuve. Me echo a llorar pensando en cuánto tiempo he vivido a la defensiva, sin sonreír jamás, sin sentirme cómodo conmigo mismo ni con mi cuerpo. Lloro por la pérdida del genial cómico Freddie Prinze Sr. y por el sufrimiento físico de Richard Pryor. Todavía se me salen las lágrimas cuando me acuerdo de ver a mi abuelo —el único hombre verdadero de mi vida— tendido en la funeraria. Lloro, créanme, *lloro*, por mi familia, profundamente disfuncional.

Mi abuela, Benita Gutiérrez, inspiró el título de este libro.

—Ven acá. ¿Por qué lloras? ¿Por qué lloras? No, dímelo, en serio. ¿Por qué lloras?

—Porque tú me pegaste.

—Mentiroso, si apenas te toqué. ¿Quieres que te pegue de verdad, cabrón? ¿Quieres *QUE TE PEGUE DE VERDAD? Mira, pero si no puedes ni tocarlo porque enseguida empieza a llorar, hombre. El Señor Delicado.*

En realidad, ella ha hecho más que inspirar este libro. Mi abuela

es la esencia de todo mi acto de comedia y de mi programa de televisión. Era comiquísima, pero ni ella misma lo sabía; era su actitud. Yo no sabía que la comedia podía ser tan fría y a menudo tan cruel. Ella era —no hay otra palabra que le haga justicia— sencillamente mala. Su sarcasmo venía de lo más hondo. Como cuando le pregunté (ni me acuerdo de qué edad yo tenía):

—¿De dónde vienen los bebés?

Y ella me dijo:

—De las putas. Ahora vete a jugar.

¿Sabes qué es lo más triste? Un día me encontré en la casa una fotografía mía y de mi noviecita de la escuela; ella me estaba abrazando. Yo pesaba unas 175 libras en esa época, parecido a lo que peso ahora, después de haber bajado 50 el año pasado. Pero todo lo que puedo recordar de ese tiempo es lo *gordo* que me sentía, y cómo mi abuela alimentaba día a día cada jodida onza de ese horrible sentimiento. ¿Cómo podía ser yo así? ¿Ser tan alto y tan delgado y, aun así, sentir que pesaba 300 libras?

Me hice comediante para poder lidiar con este tipo de abuso sicológico espantoso, con una vida que, de tan triste que era, era cómica. Ahora estoy usando todas mis lágrimas y mis angustias para hacer reír a los demás. En los últimos dos años, he hecho desternillarse de la risa a decenas de miles de personas, echando el teatro abajo en sitios cien veces más grandes que los clubes donde fracasé a principios de los años noventa, conocidos como los Años En Que Yo Me Odiaba, cuando era el Hombre Más Rabioso y Deprimido del Mundo. No tenía representante, ni agente, y mi vida no era gran cosa; era un gato perdido sin rumbo, ahogando mis penas en el alcohol, destruido por el hecho de que me había convertido en aquello que juré no ser jamás: un nadie.

Sabes, mi vida es tan trágica como la de cualquier otra persona. Tal vez un poco más. De niño, crecí con rabia, solo, atormentado y aguantando las burlas de los demás. Crecí rodeado de Don Nadies como un Don Nadie que quería ser algo distinto. Y ésa es la verdad más grande que he dicho en mi vida.

Ahora, después de veinticuatro años de luchar en el circuito de los comediantes, estoy nadando con los peces grandes. Tengo un programa cómico que trata de la familia en la cadena de televisión ABC, que se ha convertido en el primer show de éxito con tema latino a la hora de más audiencia desde principios de los años setenta, cuando Freddie Prinze Sr. estelarizó *Chico and the Man*[1]. Mi programa, *George Lopez,* está en su cuarta temporada en ABC, lo que constituye una vida entera para los latinos en las grandes cadenas de la televisión norteamericana. En mi programa, interpreto al personaje que pude haber sido: el gerente de una fábrica de piezas de aviones, casado con una mujer respondona, padre de dos chiquillos atrevidos y con una madre que sólo mi abuela podría querer. El programa, elogiado por los críticos como un éxito que traspasa las barreras culturales (nuestra audiencia promedio es casi 90 por ciento no hispana), tiene una audiencia que cuenta con las edades de doce a cuarenta y nueve años que ambicionan los anunciantes.

Pues sí, soy un llorón. Hay lágrimas de tristeza y lágrimas de alegría, lágrimas de dolor y lágrimas de angustia. ¿Y ahora? Lágrimas de agradecimiento y lágrimas de triunfo. Sí, las he llorado todititas, y no me avergüenza admitirlo.

Para mí, las lágrimas son gotitas de recuerdo, puertas que se abren hacia el pasado. Ellas blanquean la ropa sucia de mi vida. Ellas son mi liberación. Una señal de que estoy vivo. Por eso es que la gente tiene lágrimas en los ojos cuando se ríe, porque el humor los golpea bien adentro, allí donde duele, pero donde es verdadero. Cuando estoy sobre el escenario haciendo mi acto, el público y yo nos conectamos con nuestras vergüenzas y nuestros dolores individuales. Pero ahora las lágrimas nos hacen saber que hemos avanzado. Que somos lo bastante fuertes como para conocernos de manera más íntima y para permitir que otra persona nos llegue al corazón.

Bueno, pues bienvenidos a *mi* corazón.

¿Por qué lloras? No, dime de verdad.

1: *Chico y el hombre*

TE ANDAN BUSCANDO

No importa lo que diga el Servicio Secreto, yo juro que no me lo robé. ¿Por qué es que cuando algo se pierde, la primera cara que la gente busca es... de color moreno?

De acuerdo, yo sí lo llevaba encima. Dentro de la chaqueta. Después de que el presidente de Estados Unidos ya lo había dejado en el escenario... Bueno, está bien, yo lo tomé.

¿Qué te puedo decir? Fue una situación de ahora o nunca: marzo de 2003. Estoy en el escenario actuando para el disfrute de George W. Bush y su esposa, Laura. Era probablemente la presentación más importante que un comediante podía tener en su vida, y yo me sentía un poco inseguro. El problema era que yo creía que gran parte de mi acto no iba a funcionar en Washington. Bueno, en The Ice House, en Pasadena, o en el Improv, en Brea, por ejemplo, *no problem.* Yo había salido, como siempre, muy elegante con mi traje, sin que nadie me presentara, solamente con mi canción tema, "Low Rider" de WAR, a todo volumen a través de los altavoces, y comencé enseguida.

—*¿El chicano? Los chicanos son una raza aparte. Aunque nacimos en Estados Unidos, seguimos teniendo acento. Ai nou, huh. Ai nou, eh. Cualquiera cree que somos de Canadá. Ai niú, eh. Tell'em, eh.*

—*Añadimos palabras que están de más. Inventamos palabras. Otra gente dice: "¿Vas a ir?" Los chicanos dicen: "Oye, ¿vas a ir o no?" ¿O no? ¿Y*

cuántas veces has estado en la tienda y tu mamá te grita: "¡Mijo, ¿es esto lo que querías… o qué?!" ¿O qué?

—O, "¿Cuánto tiempo llevan ustedes aquí?" "Berly acabamos de llegar". "Acabo de llegar, eh". "Berly llevo aquí diez minutos, ¿eh?" ¿Berly?

—Nunca dejan que te sientas confiado… ésa es la mentalidad de la familia mexicana. Sabes, usas una palabra importante, y enseguida… "Hola, ¿cómo estás?" "Ah, tengo un nuevo empleo y debo ir a Orientation". "Oh, así que eres tremendo chingón ahora. Tienes papel sanitario en el zapato, cabrón. Y caca en la mano. Orien-tay-chun".

Pero en el histórico Teatro Ford, en Washington, DC, yo estaba lidiando con un grupo de gente totalmente diferente. Podríamos decir que era un grupo diverso. De la multitud de seiscientas personas, alrededor de doscientas eran blancas, trescientas era realmente blancas y unas cien personas eran rosadas de tan blancas que eran. Los únicos latinos en diez millas a la redonda estaban cargando bandejas o estacionando automóviles.

Pero, sabes qué, no me importó. Con mi esmóquin y mi sonrisa de comemierda me estaba metiendo a todos esos republicanos en el bolsillo.

—Saben —dije—, en el último censo, los latinos son la minoría más grande. —Silencio total del público—. Gracias… Voy a considerar su silencio como una confirmación. Sin embargo, estoy un poco sorprendido. Somos tan difíciles de contar. Jamás abrimos nuestras puertas. "¿Por qué estarán tocando? ¿Qué habremos hecho?" Bueno, si alguien toca el claxon, salimos. El timbre de la puerta chicano: dos fotutazos del claxon.

—Y además, por supuesto, mentimos durante el censo. "¿Cuántos viven en esta casa?" "Oh, sólo dos". ¿Dos? Somos famosos por remodelar el garaje y alquilarlo. Esto es una ventaja en el momento de vender la casa: ¿cuántas personas tienen una puerta de entrada con control remoto?

—Tantos de nosotros estamos empezando a votar ahora que un día

va a haber un latino en la Casa Blanca —continué, avan-
zando hacia el remate de mi mejor chiste de la noche—. Por
supuesto, planeamos dejarla blanca… con sólo un bordecito
azul.

El público del Ford se desternillaba de la risa en
las secciones laterales. Y el presidente y la señora
Bush, en el centro mismo del teatro, se reían a carcajadas. La cosa les
está gustando.

Cuando llega el final de la noche, me estoy sintiendo bien,
muuuy bien, mientras el Coro de la Marina sale al escenario a unirse
a mí y al resto de los artistas de la función: los cantantes Brian Mc-
Knight, Michele Lee, LeAnn Rimes. Contando a los sesenta del coro,
hay alrededor de setenta personas sobre el escenario cuando viene un
trabajador y pega un pedazo de cinta adhesiva sobre el piso. Enseguida, vemos venir el podio y el sello presidencial de terciopelo azul,
seguidos de este anuncio:

—Damas y caballeros, el Presidente George W. Bush y la señora
Bush.

Ahora tengo al Hombre a no más de un pie y medio de distancia, dieciocho pulgadas frente a mí. Probablemente, lo más cerca que
cualquier chicano que conozco ha estado jamás de esta clase de poder
sin tener que decir: "¿Más café, Sr. Presidente?" Y veo que tiene un
discursito mecanografiado, y puedo *ver mi nombre* en la hoja. El nombre que yo odiaba de niño.

Pienso, "Bueno, eso sería un lindo recuerdito, un objeto artís-
tico". Así que cuando el presidente termina de darnos las gracias, y
Dios de bendecir a América, y el coro alcanza un *crescendo,* hago un
movimiento espontáneo. Agarro de un golpe el discurso y me lo
meto en la chaqueta con la sutileza de un James Bond.

Luego, en el automóvil camino a la fiesta posterior al evento,
le enseño a Ann, mi esposa, mi *souvenir* de la noche. Bueno, te diré
que gritó, "¡Ay, Dios mío!", como si yo fuera George Clooney o
algo así…

Mi placer personal duró hasta que Tom Scott, el director de la
banda de música, me encontró.

—Oye, los de la Casa Blanca te andan buscando.

—¡No me jodas! —le dije.

—Ojalá estuviera bromeando —me dijo Scott—, pero no…

—¿Qué es esto? —me reí—. ¿Un episodio de *Miami Vice*? ¿Quién usa la frase "te andan buscando"?

Evidentemente, Tom la usaba, y añadió:

—Ha habido un robo en el Teatro Ford, así que espera una visita del Servicio Secreto.

—¿Cómo van a saber que yo lo tengo? —le dije—. Había muchísima gente en el escenario. ¿Por qué lo tengo yo? ¿Porque soy mexicano?

—Yo sólo te estoy diciendo lo que me dijeron —respondió Scott.

—Pues bien —le contesté—. Les voy a decir que yo no lo tengo.

Diez segundos más tarde, un agente del Servicio Secreto se me aparece por detrás del hombro derecho. Apenas había dicho: "Sr. López, soy del Servicio Secreto y me gustaría hablar con usted", cuando yo me rajé como un huevo y grité:

—¡Está en el carro! ¡Se lo voy a enseñar!

Agarré al tipo por el brazo, disculpándome durante todo el trayecto hacia afuera, casi sin escuchar sus excusas, bla, bla, bla, mientras él insistía en que el procedimiento normal era transferir a los archivos todos los documentos presidenciales. (¿Cómo puedo haber sido tan *estúpido*? ¡Naturalmente, los *archivos* (presidenciales!)

Sólo existía un problema: en el estacionamiento había cerca de cincuenta Town Cars negros idénticos, cada uno con un chofer dormido adentro. Inútilmente, sacudí y desperté a unos cuantos antes de que el hombre del Servicio Secreto considerara el poco riesgo que existía y me dijera que me vería después de la fiesta.

—¿Cómo voy a encontrarlo? —le pregunté.

—No se preocupe —me contestó—. Yo lo encontraré a usted.

Y por supuesto que me encontró.

—Perdone —le dije después de entregarle el discurso, en el momento en que se marchaba—, ¿cómo supieron que era yo?

—Tuvimos que ir al camión de producción de televisión y revisar los últimos cuarenta y cinco minutos del espectáculo, escena por escena, y agrandar la toma del podio. Sabe —añadió luego mientras sonreía y caminaba hacia la oscuridad de la noche— yo apostaba que había sido Michele Lee.

Qué curioso. Durante la mayor parte de mi triste y atormentada existencia nunca tuve historias como éstas que contar. Siempre estaba hablando acerca de las historias de los demás. Ahora yo tengo una grande que contar.

Me imagino que se puede decir que la gente me anda buscando.

De niño, la imagen que yo tenía de mí mismo era horrible. Eso es lo que sucede en mi mundo cuando se tiene una cabeza enorme y labios igual de grandes, y tu piel es tan oscura que los padres de tus amigos no dejan que sus hijos jueguen contigo. Esos amigos —y uso esa palabra con ligereza— solían llamarme "negro".

Los chicos anglos, hombre, tienen apodos buenísimos como Skip o Chauncey o Muffy o Honey o Cutie. Nuestros apodos son Gordo o Feo, si tienes la suerte de ser gordo y también feo. Chino era para el que tenía los ojos rasgados, Flaco para el delgado y Diente Frío para el que tenía los dientes salidos. Si tenías un defecto, aquello se convertía en tu apodo. Nada bueno. En mi caso, cuando te conocen como Cabezadepiedra o Patata, eso casi siempre destruye tu autoestima, igual que las palizas que a menudo acompañan a las burlas.

Por fin un día, cuando tenía como diez años, me cansé de aguantar. Estaba en Yolo, un pueblito cerca de Sacramento, y un chico gordo y grande, a quien llamaban Rango, se estaba burlando de mí. Yo nunca antes me había defendido, siempre había aguantado toda la mierda que me hacían. Pero en la escalinata de la biblioteca local algo me hizo reaccionar, y golpeé a Rango. Impulsando el puño todo lo duro y rápido que pude, tiré al suelo a Rango de un puñetazo y seguí

dándole y dándole golpes. Lo dejé hecho leña. A partir de ahí, me trató bien.

Hoy en día tengo lo que se diría una mirada *que desarma,* pero la gente simpatiza con mi forma de ser genuina. La verdad es que nunca me van a confundir con Tom Cruise —ni siquiera con Tom Arnold—, pero creo que mi imagen hace que la gente me tenga afecto. Admiradores o personas que me ven por primera vez dicen que parezco una persona genuina. ¿Saben qué? Porque lo soy. Pero en esa época yo no apreciaba esa imagen mía tan especial.

Me acuerdo de una vez que fuimos a Disneyland. Por supuesto, nunca visitamos el Reino Mágico como gente normal. Nunca fuimos con amigos ni familiares, en días o noches normales. No, nosotros íbamos en noches de descuento de entrada y comida o en noches de RCA.

Así que vamos una noche, y yo estoy loco por tener el sombrero con orejas de Mickey Mouse en el que bordan tu nombre.

Le dije a mi abuela:

—Quiero el sombrero con orejas.

¿Saben lo que me dijo?

—Primero, tienes suerte de que te hayamos traído. Segundo, si quieres un recuerdo, guarda el boleto de entrada. Y tercero, tus orejas son más grandes que las de ese chingado sombrero. Ven, que te voy a escribir el nombre en la frente.

El primer recuerdo que tengo de haber recibido un cumplido es de cuando tenía trece años, y no me lo dijo nadie de mi familia, sino la dependienta afroamericana que atendía el mostrador de joyas en la tienda Montgomery Ward en Panorama City.

—Dios mío —dijo—. Tienes los labios más bellos que he visto en mi vida.

¿QUEEEÉ?

—Y tu piel tiene un color tan bello.

Okey, me digo, ¿es éste un chiste de mal gusto de la Monkey Ward que le hacen a los chicos mexicanos? Tú sabes, escoge al cabrón más feo de toda la tienda, hazlo sonreír y te ganas un fin de semana en Las Vegas. Pero la realidad es que la señora hablaba en serio.

La próxima persona que me elogió, más o menos, fue Cindy Coronado, cuando habímos terminado el instituto. ¿Qué les parece ese nombre? Oigan, qué linda era. Sus padres hasta tenían su propio negocio, una tapicería, lo que para un mexicano es como ser dueño de un banco nacional. Cindy llegaba a la escuela en un tremendo Cadiliac y era tan fina que mi amigo Arnold y yo solíamos ir a Thrifty's y comprar cualquier basura que no necesitábamos tan sólo porque ella trabajaba en la caja registradora.

Así que una noche, en una fiesta en la que ella había estado bebiendo, acabamos juntos. Salimos durante un tiempo, y una noche en que estábamos hablando por teléfono, me dice:

—¿Por qué te desprecias tanto a ti mismo?

Y yo, "¿QUEEÉ?"

—Eres tan agradable y tan dulce, y me duele que te desprecies tanto.

¿Sabes qué? Ella tenía razón. Yo me degradaba únicamente para tratar de hacerla reír. Hice eso durante años. Durante años me burlé de mí mismo. Durante años yo fui el remate del chiste.

Gentes Diferentes

La gente me pregunta que si me importa que me llamen mexicano, latino o hispano. No tengo problema con que me digan mexicano o chicano, que es méxicoamericano, pero lo de hispano no me gusta. El Buró del Censo de Estados Unidos inventó eso, pero ¿a quién le gusta que lo asocien con una palabra que tiene pánico[1]? Por supuesto, en cierta forma, eso es un adelanto: en los sesenta, éramos "Otra raza".

A fin de cuentas, todos somos americanos (hasta los indocumentados) y tenemos muchas cosas en común. Pero en realidad somos gentes diferentes. El idioma, por ejemplo. Los chicanos tienen el suyo propio. Algo a lo que prefiero llamar Spanglish.

Glosario de Palabras Spanglish

A y **O** – Anal y Oral. Las usamos como los anglos usan las letras XXOO.

A.T.M. – No se trata de un lugar donde obtener dinero rápidamente. A Toda Madre significa "excelente, buenísimo". "Espero que pases un verano a toda madre".

---

1. "Hispano" en inglés es hispanic. Panic significa "pánico" en español.

Buey – *Idiota. Se ha convertido en un saludo: "¿Qué pasó, buey?"*

Cabrón – *Hijo de puta, o peor, dependiendo de cómo se diga. "Llévame a la tienda, cabrón". Créanme que funciona.*

Chulo – *Bien parecido, no un tipo enclenque y demasiado moreno. Lo mejor es que te llamen Papi Chulo.*

Culo – *No necesita explicación, pero les voy a dar un ejemplo: "¿Qué pasa? Aquí huele a culo". Respuesta: "¡Naaaa!"*

Dale gas – *¡Arriba, que allá voy! "Voy para la casa. Dale gas".*

Ese – *No se trata de la letra "S", sino del trato a un amigo, a un cuate, a un pana, a un "socio". "¿Qué pasó, ese?"*

Feo – *Es un apodo popular entre los niños. "Feo, ve y tráeme otra cerveza."*

Flaco – *Un tipo que pesa 300 libras siempre es Flaco.*

Gente – *Cuando hay mucha gente en el club, entras por la cocina. ¿Quién va a impedir que unos mexicanos entren por la cocina? Siempre funciona.*

Gordo – *Nuestros apodos se refieren siempre a nuestros problemas. "Gordito, métete la camisa por dentro del pantalón".*

Joto – *Homosexual o de dudosa virilidad. Cuando alguien no te cae bien. Ni siquiera necesitas una razón para usarla. "Mira cómo camina. Joto".*

Mamón – *Adulador, guataca, chupamedias. "¿En qué puedo ayudarte, mamón?"*

El más chingón – *Lo mejor, un tipo maravilloso. El Hombre, el bárbaro, el chévere. Carlos Santana es "el más chingón".*

Mendijo – *Tonto o medio retrasado. "Se le olvidó poner la tapa del radiador. Mendijo".*

Pendejo – *Estúpido. Es la Palabra Más Popular Para Humillar a Alguien. Cuando me desgarré el talón de Aquiles,*

mi abuela me dijo: "Por pendejo...", porque
yo era tan estúpido.

Puto – Igual que joto, significa homosexual.
Pero, no sé cómo, se ha convertido en el saludo más popular. "Hace tiempo que no te
veo, puto". "Qué bueno verte, puto".

También – Ponme a mí en ésa. "¡Qué linda está esa
mujer!... ¡¡¡También!!!"

Vato – Hombre, viejo, socio, cuate. "¿Qué pasó, vato?"
Vato loco = un tipo medio arrebatado.

Somos gente diferente. Jamás felicitamos a quienes les va
bien. Otros envían globos y plantas:

—Oh, my God, me acabo de enterar, Megan.
Felicitaciones. ¡Qué maravilla! ¡Fantástico! De verdad que te
merecías ser administradora del distrito. Eres... ¡oh, my God,
me alegro tanto por ti!"

¿Nosotros? Silencio.

—Oye, ¿te enteraste de que conseguí un empleo en el
hospital?

—Ya era hora.

¿Deseamos buena suerte? Nunca. No, nosotros decimos:
"Mira, no la vayas a cagar igual que la vez anterior" o
"¿Ahora te crees que eres un chingón, o qué?"

Sí, claro, ve a la tienda Hallmark y busca la tarjeta que
diga eso.

—Hola, ¿puedo ayudarlo?

—Sí, ¿no tiene una tarjeta que diga "Ahora-te-crees-que-
eres-un-chingón"?

Cuando ABC decidió presentar mi programa, algunas
personas de esa cadena me enviaron una planta. Yo me dije:

—¿Pero esto es un chiste? ¿Mandar una planta a un

¿POR
QUÉ
LLORAS?

15

mexicano? ¡Con la cantidad de agua que regamos y la cantidad de hierba que cortamos, y ahora esta gente me manda una planta! ¿Y por qué no seis botellas de Corona, cabrones?

¡Habráse visto! ¡Una pinche planta!

Los latinos somos diferentes. Cuando criamos niños, nuestro primer instinto es decir no.

—Mami...

—¡No!

Lo único que mi abuela decía era no.

—Abuela...

—No.

—Ni sabes lo que es.

—Sé lo que es no.

Ahora los niños te responden, hombre, TE RESPONDEN. Yo jamás respondía. Pero ves a lo niños anglos en la tienda diciendo:

—No, yo no lo voy a hacer.

—Escúchame bien, Dakota. Yo soy tu mamá. Lo vas a hacer. Seguro que sí. ¿Quieres una estrella de oro cuando lleguemos a casa, Dakota? Pues sí lo vas a hacer... No te voy a comprar The Lion King en DVD. No señor. ¿Es eso lo que tú quieres?

Me encanta ir a las tiendas y ver a los padres ponerse de rodillas:

—¿Me estás entendiendo, Tyler? Éste no es un comportamiento apropiado. Bueno, tengo que pedirte excusas por haberte gritado.

Mi abuela era de la vieja escuela. Me recogía y decía:

—Vámonos, cabrón. Mira, cómo no, que no. Vamos. Mira, que no quieres irte. Carajo, que sí te vas. Mira, ¿sabes qué?, espérame en el chingado carro. ¡Espérame en el carro! ¿Por qué lloras? ¿Por qué lloras? Bueno, baja la ventana para que puedas respirar.

Pero si ves el noticiero, sólo las madres blancas son las

que han sido arrestadas por pegarles a sus hijos. Qué poca escuela tienen. Nosotros sabemos dónde está la cámara:

—Mira, la cámara está allí. Sí, yo sé, habla, habla, porque cuando lleguemos a casa… Mira, baila. Date gusto. Tírate en el piso. Tírate. Porque cuando lleguemos a casa, cabrón… Ya me lo estoy sintiendo en la mano.

¿Saben lo que hacía mi abuela? Mi abuela iba y agarraba una camisa:

—Mira, ven acá, hijoeputa. Vamos a probarnos esto. Mira, vamos cabrón. Vamos, mira. ¿Podemos usar el probador un segundo?

Y entonces me daba una paliza fenomenal en el probador. ¡GUAP!

Y los empleados nos preguntaban felizmente cuando salíamos:

—¿Todo bien?

No, nada andaba bien.

La otra cosa con los mexicanos es que, señores, no obedecemos a la autoridad.

Si hay una raya amarilla, los blancos dicen:

—Excuse me, pero ¿puede mantenerse detrás de la raya amarilla?

—Oh, my God, cuánto lo siento. No leí el letrero. Oh, my God. Kevin, ¿puedes quedarte detrás de la raya amarilla? Este señor fue tan amable que nos indicó que tenemos que quedarnos detrás de la raya amarilla.

Y entonces esa persona blanca vigila a los demás.

—Hi, I'm sorry, yo no lo conozco, pero ¿podría mantenerse detrás de la raya amarilla? Este caballero nos pidió muy amablemente que todos nos mantuviéramos detrás de la raya. Fantastic. ¿Van nuestros niños a la misma escuela?

Los mexicanos cruzamos la raya.

—Excuse me, señor, pero ¿puede mantenerse detrás de esa raya amarilla?

—Vete a la mierda. A ver, haz que me ponga detrás de la raya amarilla. Vamos, oblígame. Aquí me quedo, puta. Llama a la policía. Dale. Aquí me quedo.

Otra cosa acerca de los mexicanos es que nunca nos vamos de la casa. Los muchachos blancos, en la primera oportunidad se van al college o a un viaje exótico con la mochila a cuesta o algo por el estilo. ¿Nosotros? Nos quedamos viviendo en la casa para siempre. Ni siquiera tenemos llave.

—Oye, mamá, deja abierta la puerta de la cocina... voy a llegar tarde.

Por eso es que en Los Angeles se ven tan pocos latinos desamparados viviendo en la calle. Porque primero hay que irse de la casa para vivir sin casa.

Y si nos vamos, nos mudamos con una tía.

—Sabes, fui a tu casa, vato. ¿Qué pasó?

—Hace como tres meses que no voy por allá, ese. Tengo el carro ahí porque está roto, pero yo no vivo ahí.

—¿Dónde vives?

—Chinga, vivo con mi tía. Mi tía. Estoy en el garaje, ese, lo convirtieron.

Esto para los mexicanos significa que sacaron el carro para afuera.

Y nos morimos sin testamento. Cuando la gente blanca se muere, los herederos van a la oficina del abogado, muy afectuosos:

—¿Jonathan? ¿Me quedé yo con la casa? Dímelo ya. ¿Es mía? Fantastic.

Es imposible lograr que un viejo mexicano haga un testamento; son supersticiosos:

—No, mira, hombre, es como hacer una reservación para morirse, cabrón. Para que te puedas quedar con mis cosas.

Los mexicanos nunca piden excusas. Cuando yo era pequeño, una vez mi abuela me pegó con su auto. Yo estaba en la entrada —yo creo que me vio— ¡pang!

—Tú sabes donde yo parqueo, cabrón. Mira, fíjate donde está el aceite. ¡Miren cómo se hace el que le duele! Camina derecho. ¡Mira, camina derecho! ¿Quieres ir a McDonald's? Está bien. Entonces camina derecho. ¿Quieres un Happy Meal[2]? Pues ponte happy, cabrón.

¿Dijo que lo sentía? ¿Qué dijo?

—Sorry, 'ta loco. Si tiene siete años. Yo no voy a decir sorry. Cuando él empiece a pagar las cuentas, cabrón, entonces voy a decirle sorry.

Cuando la gente sale a comer fuera, algunos guardan asientos para otros:

—Oh, my God, ¿viene Shawn? Vamos a guardarle un asiento. Voy a poner mi suéter sobre el asiento. Éste es para Shawn. No se siente aquí, porque éste es el asiento de Shawn. Acaba de llamar por el celular. Ya viene. Está un poquito atrasado.

Y cuando lo ven, lo llaman con la mano:

—¡Shawn, oh, my God! Llámalo al celular. ¡Hi, Shawn! Oh, my God, estamos frente, frente a ti.

Los mexicanos echamos un vistazo:

—Ay, a la jodida, mira quién está allí. Esconde la silla. Esconde la silla. ¡No mires hacia allá! Que no mires hacia allá. Hazte como que conversamos. ¿Miró? Carajo. ¿Me vio? Júramelo. ¿Me lo juras? Bueno, pues ven para acá. A la mierda, qué importa, si ya me viste.

Pero antes de que ustedes se escandalicen y llamen a su capítulo local de la Unión de las Libertades Civiles Americanas, o a la Alianza de Gays y Lesbianas, o a La Raza,

---

2. Happy Meal es una comida para niños en McDonald's.

relájense. Observen primero la cantidad de gente que va a mis presentaciones. Sí, soy duro. Sí, estoy hablando mal de los míos. Todo eso es cierto, pero al mismo tiempo estoy impulsándolos para que tengan más poder.

Y, de verdad, si no podemos reírnos de nosotros mismos, ¿quién va a hacerlo?

No tener

ací el 23 de abril de 1961, en un hospital general de East
Los Angeles, hijo de una confundida y delgaducha jovencita de veinte años llamada Frieda. Su marido, un
trabajador migratorio, permaneció junto a ella durante los *dos* primeros meses de mi vida. Se llamaba Anatasio y un día desapareció sin
dejar rastro, llevándose con él mi certificado de nacimiento y mis ropitas de bebé, así que no había razón para que yo me fuera a dormir
con una foto de él bajo la almohada y ansiando que regresara a casa.
Era un mexicano delgado, de piel clara, con rasgos afilados y López de
apellido, y hasta el día de hoy no estoy totalmente convencido de que
fuera mi padre. De lo que estoy seguro es de que yo odiaba su apellido. Odiaba que todos los chicos de mi familia cercana se llamaran
Gutiérrez o Hernández y que yo fuera el único López. Quería usar los
otros apellidos de la familia, pero no me dejaban.

—Nada de eso. *López.* Ése es tu apellido —decían—, y vas a seguir con él.

Tal vez fue por eso que desde el principio me sentí desarraigado.

No quiero sonar como si estuviera haciendo una prueba para
poder salir en *Oprah,* pero creo que jamás hubo un momento en mi
niñez en el que sentí que era maravilloso formar parte de una familia.
Ni uno solo. Y fue horrible. No tener dinero, ni felicidad, ni calor, ni
amor, ni atención, ni afecto. Sencillamente horrible.

Imagínense que no existe ni una foto mía de bebé. No hay

álbumes familiares desbordantes de fotos mías meciéndome suavemente en el columpio del portal, ni abriendo regalos en Navidad, un día que pocas veces celebramos, si acaso lo hicimos alguna vez. No hay fotos de mi primer día en la escuela ni de mi bautizo.

No tuve fiestas de cumpleaños. Sólo fiestas combinadas. Si mi cumpleaños caía cerca de un bautizo, mi abuela decía:

—Jorge, esta fiesta también es tuya. ¿Por qué lloras? Júntate con los otros. *Agarra un regalo cuando no estén mirando, cabrón. Mira, júntate con los otros.*

No quedaron huellas de la mayor parte de los primeros seis o siete años de mi vida. Fotográficamente, no existí hasta que tuve siete u ocho años, ¿y sabes qué? Jamás sonreí en ninguna de esas fotos. ¿Fotos de la escuela? No hay sonrisa. ¿Foto del equipo deportivo? No hay sonrisa. ¿Un niño con hoyuelos que no se ría? ¿Puede haber cosa más triste que esa? Una vez le pregunté a mi abuela por qué había tan pocas fotos.

—Eh, yo sí tengo fotos tuyas de niño. Todo lo que necesito es tirar cuatro más para poder revelar el rollo.

Cuarenta y tres años, y faltan cuatro fotos.

Por mucho que trate, no puedo evocar ni un solo pensamiento agradable, ni un recuerdo feliz de mi mamá. No hay aroma de flores del campo en su cabello, ni el sol entra por la ventana de la cocina mientras ella, con un colorido delantal, mientras hornea galletitas. Si yo estuviera hablando con uno de esos dibujantes que hacen bocetos para la policía y me pidiera que describiera a esa mujer que pasó fugazmente por mi vida, le diría algo así: cinco pies seis pulgadas, pelo negro, nerviosa, tensa, parecida al personaje de Lily Tomlin llamado Ernestine. Todavía puedo oler el olor de su cuerpo.

Incorregible. Ésa es la palabra que me viene a la mente.

Frieda fue un problema desde el principio. Padecía de epilepsia desde niña y, no sé cómo, a los trece años se cayó de un vehículo en marcha. Así mismo, no te equivocaste. *En marcha.* Eso acabó con ella, hombre. Después de aquello, nunca volvió a arreglarse; de repente, le daban unos ataques horribles. Allí estábamos, mamá y yo hablando en la cocina, o colgando la ropa limpia

en la tendedera, cuando, súbitamente, se caía y tenía un ataque. Yo era pequeño. No sabía qué hacer. Y después de gritar llamando a alguno de mis abuelos, que no estaban por todo eso, me quedaba de pie, o me sentaba y miraba las convulsiones hasta que afortunadamente, como por arte de magia, se detenían tan de repente como habían comenzado, y ella se recuperaba.

Era una mujer con serios problemas, hasta el punto de llegar a cortarse las venas. Acabó en el Hospital Estatal de Camarillo. Nunca me olvidaré de esos viajes del domingo. Hacia el norte bordeando la costa, llena de paisajes, a lo largo de la Carretera 101, hacia la hermosa Santa Barbara, con el océano Pacífico, profundo y azul, a la izquierda, y a la derecha las montañas lejanas y majestuosas. Siempre tomábamos el mismo camino, mientras nuestro vehículo iba más despacio a medida que nos acercábamos al lugar. Todavía puedo ver las paredes blancas y desnudas, Frieda sentada en una silla, fuera de la realidad gracias a los medicamentos, sedada como un zombi. Los domingos con mamá. En el manicomio.

Debido a su condición, en realidad nunca fue a la escuela y, básicamente, era una analfabeta funcional. Déjenme decirles que cuando eres un niño y sales con tu mamá y alguien le pide que firme y ella no puede hacerlo, y pone una X, bueno…

Desde el principio Frieda era una estafadora. Se metía en líos y siempre sabía cómo salir de ellos. Era el tipo de mujer que salía de casa al mediodía y regresaba a las tres con un televisor. Cómo lo conseguía, nadie lo sabe.

También era una oportunista que no discriminaba. A cualquiera que llegara a la casa, ya fuera el heladero o el panadero de Helm's, mi mamá trataba de sacarle lo que ella llamaba "crédito", operando un plan de pago de "sólo interés". Eso quería decir que el único interés

que ella tenía era no pagarte jamás. Estafaba a todo el mundo. Yo estaba a tres cuadras de distancia, en Maclay, y el heladero me decía:

—Dile a tu mamá que me debe $7.45.

Justo enfrente de mis amigos. Eso duele.

Mi mamá también desplegaba un gusto espectacularmente malo con los hombres. Una vez, cuando yo tenía unos ocho años, nos fuimos de la casa y, después de pedir pasaje en la Carretera 5, acabamos en un motel de mala muerte del centro de la ciudad con dos tipos que trataban de "estar" con mi mamá. Ni quiero acordarme de cómo nos escapamos de ese lío. Otra vez fue cuando ella estaba trabajando en un centro para minusválidos y trajo un hombre a la casa. El tipo tenía una sola pierna y un tubo en la picha. Se llamaba Gil. No hay NADA más vergonzoso que tu mamá empujando una silla de ruedas, el día en que todos los padres visitan tu escuela, a un tipo al que le falta una pierna y orina en una bolsita. Cuando no tienes padre, cuando no conoces a tu padre y tu mamá entra empujando la silla de Gil… no sabes si reír o llorar. Por lo general, lo único que haces es esconderte.

Y no era sólo Gil. Oh, no. Mi mamá tenía todo un zoológico de amigos raros. Una vez estábamos quedándonos en un apartamento en Hubbard, en el Valle, y cuando me despierto —con la música a todo dar— y me froto los ojos, veo a mi querida mamá arriba de la mesa del comedor, bailando en ajustador y *panties,* y la gente animándola a que se quitara todo.

Ésa era mamá: una chica divertida con chichis maravillosos y desprovista de instinto maternal. ¿Criar a un hijo? Lo mismo hubieras podido pedirle que diseñara una nave espacial. Cuando yo tenía diez años, me compró una *Playboy* para que me entretuviera durante un viaje en autobús a Sacramento. Hoy en día, a los niños se les da a leer Harry Potter. A mí me dieron la Señorita Julio. La verdad es que ella no tenía el menor interés en mi bienestar.

Alrededor de esa época, mi mamá estaba saliendo con un hombre unos cuarenta años mayor que ella, un anciano que vivía en Yolo. Viajaba constantemente de aquí para allá y un día no regresó

más. Finalmente se casó con él y tuvo dos hijas, quienes se consideran mis hermanas. Bueno, para mí no lo son. En contadas ocasiones vi a mi mamá y a sus hijas después que volvió a casarse. Yo creo que si no estuviste en las malas, tampoco deberás estar en las buenas. Y, para ser honesto, no tengo interés en volver a verlas actualmente.

Resulta que cuando nací se sabía que mi madre no iba a quedarse junto a mí para criarme. No hubo una larga discusión ni un intenso debate familiar. Si ella no estaba en condiciones de cuidarse a ella misma, ¿cómo iba a cuidar a otros? Alrededor de los cuatro años, alguien le dijo a mi abuela que me habían visto caminando por la calle sin pantalones; entonces fue a casa de mi mamá y me llevó para la suya. Me llevaban y me traían de un lado a otro, pero cuando tenía diez años, mi madre se fue para siempre y pasé a vivir permanentemente con mis abuelos.

Suertudo que soy.

En algunas culturas, cuando la abuela toma el papel de la madre, colma de atenciones y cariño al nieto o la nieta, que se cría en medio de la atmósfera más amorosa que se puede imaginar. De allí, el agradecido niño o niña florece y acaba ganándose el premio Nóbel de literatura, o al menos llega a ser gerente de un McDonald's.

Vamos a aclarar algo aquí: ése no fui yo.

Hoy en día, como millones de ustedes saben, mi programa explora la retorcida y torturada relación que tengo con mi madre, que ocupa el lugar de mi abuela verdadera, quien en el programa es interpretada por la maravillosa actriz Belita Moreno. Ella y yo mantenemos una constante guerra de palabras en la que, repetidamente y casi siempre sin resultado, intento exprimir un gotita de elogio o cariño de una mujer que es aparentemente incapaz de expresar ninguna de esas dos emociones. En televisión resulta mucho más gracioso.

Yo siempre llamaba "VIEJA" a mi abuela, y tal vez eso se debía a que Benita Gutiérrez tenía la antigua actitud de que todo es malo y no se puede confiar en nadie. Sencillamente, por su venas no corrían emociones positivas. Sus genes no consideran el elogio o el cariño. Hasta el día de hoy, jamás ha dicho que se siente orgullosa de mí. Jamás. Ni una sola vez ha expresado sentirse feliz por mi éxito en la vida.

Uno pensaría que al final de todos nuestros programas, cuando salgo a escena y disfruto del aplauso y el afecto del público del estudio, mi abuela estaría en primera fila, con las manos en alto, aplaudiendo más fuerte que la música de la banda. Mi abuela no.

—Si hubiera sabido que esto iba a durar tanto —dijo—, no habría venido.

Cuando Ann y yo le dijimos que estábamos esperando un bebé, uno de los momentos más felices que cualquier pareja puede compartir, ¿saben cuál fue su respuesta? Sin que tuviera nada que ver con lo que le habíamos anunciado, dijo:

—Necesito un sofá nuevo.

¿Un sofá nuevo? No creo que las palabras, "Oh, Dios mío, que maravilloso" están en su vocabulario.

Por supuesto, su vida no fue fácil. Nació en El Centro, una comunidad agraria en Imperial Valley, a noventa millas de San Diego. No conoció a su madre. Cuando tenía siete meses, a su madre la enviaron a México y le dieron el bebé a una tía, que tenía una hija un poco mayor. La prima iba a los bailes y a los espectáculos. Benita tenía que quedarse en casa cosiendo y lavando y cocinando para toda la familia, una Cenicienta moderna sin esperanzas de conocer jamás a su Príncipe Azul. Ella admite que siempre fue infeliz. Pero para ella no importaba lo horrible que fuera la situación, sencillamente se pasaba la lengua por la herida y seguía andando.

Acabó huyendo de casa a los dieciséis años. Su primer esposo fue un camionero de Tijuana llamado Juan, quien conducía de un lado al otro de la frontera. Le pegaba y le advertía que la iba a matar de

un tiro. Una vez, Juan golpeó en la cabeza a su hijo Johnny con una pala. Tal vez es por eso que Tío Johnny es tartamudo. Vivió con ese marido durante diecinueve años, soportando su abuso como una insignia honorífica, orgullosa en cierta forma de sufrir pacientemente todo ese tiempo.

—¿Por qué no te fuiste? —le pregunté innumerables veces.

—¿Adónde iba a ir? —me respondía siempre.

Una pregunta válida cuando tienes seis hijos, todos sacados de las páginas de la revista *Familia disfuncional*. Freddie era el mayor. Por alguna razón le llamaban Al. Tuvo cinco hijos, entre ellos una hija que a los trece años se afeitó la cabeza. Al era el Líder del Equipo familiar: el más educado, el más antagónico y competidor. Se casó con una mujer que ya había tenido dos maridos. Al acabó con un tumor enorme en el cuello y murió de cáncer.

Luego estaban Roger y Janet. Janet se enredó con un tipo llamado Manuel, que tenía una verruga junto a la nariz. Le habían amputado parte de un pie y una pierna. Le gustaba desquitarse con su mujer la frustración que sentía con la vida. Sin embargo, Janet siempre estaba llorando por "el pobre Manuel".

—¿Por qué lloras? —yo le preguntaba—. ¿Te está pegando y tú lloras por él?

Y no nos olvidemos de Rosemary. Crió sola a seis hijos, algunos de ellos con más problemas de la cuenta, incluido uno que fue atropellado por un tren. Ni pregunten. A Tommy, un hijo de Rosemary, lo quemaron accidentalmente con una plancha de hierro cuando tenía 18 meses. Ni pregunten. Hoy en día, tiene "Ozzy" tatuado en los nudillos. Ni pregunten.

Y luego, finalmente, está John, al que le pegaron con una pala en la cabeza. Dejó a la familia para siempre hace unos veinte años. Se casó con una mujer de Pittsburgh y nunca miró hacia atrás. Tengo que darle crédito a John. De todos, quizás fue el que hizo lo mejor.

Así que en medio de esta mezcla, llego yo. El niño de apellido diferente. El hijo de Frieda. No había mucho tiempo para mí. Recuerdo que una vez le pregunté a mi abuela si podía ir a Chuck E. Cheese, mi pizzería favorita del barrio, la que tenía un ratón de mascota.

—*Mira, quiere ir a Chuckie Cheese. ¿Tú te crees que yo cago dinero? Quieres un ratón, cabrón. ¡Saca el refrigerador! ¡Sácalo! Hay como cinco Chuquitos allí atrás. ¡Justito al lado de tus pies! ¡De tus PIES! ¿Por qué lloras, cabrón?*

Después de pensarlo largo y tendido —y de gastar miles de dólares en terapia analizando a esta mujer y mi infancia— he llegado a esta conclusión: sin mi abuela, yo no habría tenido un hogar; estaba mejor con ella que con mi madre. Y sin Benita no habría un programa de George Lopez. Si mis padres biológicos me hubiesen criado, no habría programa. Ella no se da cuenta de que, a pesar de todas las cosas malas que me hizo pasar (y, por supuesto, su recuerdo de mi infancia es diferente al mío; ella lo niega todo, niega todo el abandono), algo muy bueno salió de allí. Hay una matica que sale en el cemento. ¿Cómo es que esta fregada matica logra crecer? Esa matica soy yo.

Encanto

La mayoría de los hombres de mi barrio eran jornaleros sencillos que esperaban en el mismo sitio todos los días con la esperanza de que los emplearan en la construcción. Ya todos se han muerto; eran hombres que en aquel entonces tenían como cuarenta y siete años, pero parecían tener ciento siete. Están muertos porque cuando no estaban trabajando bebían a más no poder. Todos los días, cada uno con su propia botella de Hill and Hill, dando vueltas, furiosos unos con otros, jodidos, *jodidos de verdad,* unidos por su amor al fútbol estudiantil, los Dodgers, la lucha libre profesional en Devonshire Downs (especialmente mi héroe, el magnífico Mil Máscaras) y el hecho de que todos estaban absolutamente aterrados de sus esposas.

El hombre al que llamo mi abuelo se llamaba Refugio, pero la familia y los amigos lo conocían por Cuco. Era un hombre grande y corpulento, fuerte, muy macho, que se ganaba la vida cavando acequias y trabajaba como un jodido mulo, haciendo a menudo el trabajo de dos o tres hombres. Creció en las afueras de Guadalajara, México, medía solamente unos cinco pies ocho pulgadas, tenía manos pesadas y gruesas, y el color bronceado de un campesino, aunque se consideraba un galán, luciendo siempre en la cabeza su sombrero de fieltro. Como era jornalero, sólo trabajaba por rachas, a veces una semana o dos seguidas, tal vez un mes. Tuvo paperas de pequeño y por eso

nunca tuvo hijos. Por tanto, creó su propia versión de la paternidad.

—Regresa en dos horas —me decía—. Dos horas.

—Abuelo, ¿qué muchacho sale el sábado *por la tarde* y tiene que regresar a casa a las cuatro?

—Tú.

Hasta donde puedo recordar, todos los días me recalcaba lo que significaba ser hombre: "tu palabra es tu garantía" y "ten responsabilidad". Cada lección acerca de la vida estaba extrañamente relacionada con su muerte.

—Mira —empezaba—, cuando me muera vas a acordarte por qué, tuve estas conversaciones contigo.

¡Pero si yo lo que tenía eran sólo seis años!

Le encantaba el béisbol. Las noches de los viernes y los sábados, en el estadio de los Dodgers, sentados en las gradas del pabellón del jardín izquierdo, con un perro caliente y un refresco en las manos, una manta mexicana con el dibujo del venado sobre las piernas, para mantener el calor. Vitoreando a Garvey y a Cey, el Pingüino. Muchas veces, llevábamos nuestra comida a los juegos: sándwiches hechos en casa, que bajábamos con un enorme galón de ponche Safeway. En ocasiones, mi abuelo sacaba un burrito casero y la gente de la sección siguiente volteaba la cabeza.

—¿Qué carajo es ese olor? No son palomitas de maíz. Eso huele a culo.

El otro amor de mi abuelo eran los viajes por carretera a México. Empacábamos el carro y atravesábamos la frontera. Cuánto le gustaba que le pegaran la calcomanía de turismo en el parabrisas. Ahora él era *turista,* un tipo importante que llegaba de Estados Unidos. Mucho más importante de lo que realmente era, pues él ganaba apenas para subsistir, pero la gente de allá abajo pensaba que era rico porque tenía una casa, una esposa y un auto, y hablaba como si tuviera dinero.

Pero con todo lo confiado y seguro que se sentía mi abuelo en su propio mundo, si algo salía mal fuera de ese mundo, él se derrumbaba. Le daban el vuelto equivocado en la tienda, *no problem*, señor. Durante su vida tantos desgraciados hijos de puta anglos lo habían fregado que su reacción era siempre, "Déme otra, señor". No había orgullo altanero ni resistencia. Sólo la cabeza gacha y los hombros caídos, la postura nacional de millones de

trabajadores migratorios que cosechaban productos agrícolas y hacían todo el trabajo sucio que convirtió a California en el Estado del Sol. Una vez, cuando yo tenía diecisiete años, un mesero se comportó muy groseramente con mis abuelos. Y no pude aguantar más.

—Eh, ¿qué coño te pasa a ti? —le pregunté.

—¿*Excuse me*?

—¿Por qué eres tan grosero?

Mi abuelo me gritó durante diez minutos. Le dije que el tipo se estaba comportando como un pendejo.

—Pero eso no es asunto tuyo —dijo—. Él trabaja aquí, y no es asunto tuyo.

—Pues —le dije—si tú no vas a defenderte, yo sí. No voy a dejar que te trate así.

—Shhh —susurró mi abuelo—. Alguien podría oírte.

Y Cuco tenía también otra cara. Su vicio mayor —como el de muchos de sus amigos— era el alcohol. Cuando bebía demasiado se convertía en un borracho desagradable y pendenciero. A veces la tomaba con mi abuela, a veces conmigo.

Cuando yo era pequeño les oía pelearse, sonidos que ningún niño debería oír, y entonces venía a buscarme.

—¡Escóndete! —me advertía mi abuela con un grito, lo que provocaba mi huida hacia la esquina más recóndita y oscura del clóset más cercano que podía encontrar. Por la hendidura de la puerta podía ver sus pies frente a mí. Podía escuchar las palabrotas que musitaba con su respiración dificultosa y alcoholizada.

Pero a veces no había lugar donde esconderse, ni tiempo para escapar. Borracho, chapurreando el inglés, se paraba frente a mí y escupía la orden:

—Ponte de pie aquí mismo. Frente a mí.

Yo me paraba como me ordenaba, frente a él, sin mover ni un músculo.

—*¿Quién te crees que eres?*

Yo no sabía qué responder.

—*¿Quién te crees que eres?*

Ni un movimiento. Ni una palabra.

—*¿Quién te crees que eres?*

Yo sabía lo que venía después. Un impaciente golpeteo con su dedo del medio a un lado de mi cabeza. Un dedo grueso y gordo que trabajaba duro para vivir, golpeándome en la sien. Cómo dolía.

—*Piensa.* —¡Tac, un golpe con el dedo!— *¿Quién te crees que eres?* —¡Tac!— *¿Quién crees que soy yo?* —¡Tac!

Mi abuelo, que hablaba en español casi siempre, y yo nunca hablamos mucho sobre su vida o la mía. A menudo estaba demasiado cansado, se desplomaba en cuanto llegaba a casa, y se levantaba solamente para la cena y para ver la televisión durante una o dos horas. Realmente, no lo culpo; había aceptado y lidiado con los seis personajes de Jerry Springer, sólo para descubrir que el destino le había dado otro hijo más. Lo más cercanos que jamás estuvimos de conversar, de hablar de verdad, fue casi al final. Las tejas se habían caído sobre la arcada de la entrada de la casa y me pidió que lo llevara a la tienda para comprar otras. Camino de Van Nuys, me dijo por primera vez aquello que toda mi vida yo había ansiado escuchar.

—Eres un buen muchacho —dijo—. Te he criado como si fueras mi propio hijo. Pase lo que pase, acuérdate siempre de mí. Sé un hombre. Sé responsable.

Yo debería haber sabido que, por alguna razón, me estaba ofreciendo una última lección. Debería haber conectado la angioplastía previa que se suponía iba a mejorar el flujo de sangre a su corazón, con la imagen de él sentado en un banco no lejos de la casa.

—Estoy cansado —dijo cuando me detuve para preguntarle—. Demasiado cansado para caminar.

Murió una semana después.

La escena parece ahora surrealista, tan extraña que aún me duele hasta el hueso. Yo había acabado de llegar de Fresno. Mi abuela estaba planchando una blusa en un cuarto; mi abuelo, con falta de aire, se agarraba el pecho en otro.

—Déjame ir al hospital —dije.

Pero mi abuela se negaba.

—Se va a poner bien, quédate aquí.

Así que me quedé y observé cómo él, doblado, se arrastraba hacia dentro de la camioneta y se iba. Me fui a dormir. Por pereza y apenas despierto, dejé que el teléfono sonara una docena de veces. Nunca me levanté para contestarlo.

En el momento en que mi abuela entró por la puerta, lo supe. Tenía lágrimas en los ojos. Un coágulo de sangre en el corazón.

—Se fue —dijo.

¿Por cuánto tiempo puedes cargar la culpa y la angustia sobre tu conciencia? Para mí, la respuesta es "para siempre". La decisión de quedarme en la cama como un desgraciado huevón que sólo piensa en sí mismo todavía me llena de angustia el corazón.

Aún puedo escuchar la voz de mi abuela: cómo sufrió su marido, con convulsiones y orinándose en sus últimos minutos, el horror de ver morir a tu esposo a los sesenta y tres años.

Allí sentado, escuchándola, mantuve bastante la calma. Tal vez fue el impacto, tal vez la incapacidad de aceptarlo. Fuese como fuese, me controlé bastante, pero sólo hasta que se aparecieron unos parientes de México y empezaron a interrogar a mi abuela sobre su futuro, observando la casa, examinando los muebles y cosas por el estilo.

—Salgan de esta casa —les dije.

La mañana de su funeral yo estaba jugando golf. Eso es, golf.

No me pregunten por qué. Mi abuelo estaba en la funeraria Utter McKinley y yo estaba jugando dieciocho hoyos.

Cuando llegué a casa, mi abuela me recibió con un pedido:

—¿Puedes llevar su ropa al depósito de cadáveres?

Así que empaqué su único y maltrecho traje negro, la corbata estrecha y los zapatos de charol traídos de México, y los llevé a Utter McKinley.

—¿Quiere verlo? —me preguntó el director de la funeraria.

No, yo no quería verlo, pero no sé por qué, sabía que tenía que hacer las paces con él. Enfrentar al hombre muerto al que nunca comprendí bien en vida. Así que me senté solo en el salón, a unas tres filas de la caja. Me levanté lentamente y, cuando vi al hombre que fue en esencia mi padre, un fuerte y angustioso gemido me salió de un lugar que hasta entonces yo no sabía que existía. El director de la funeraria regresó de inmediato al salón.

—¿Se siente mal? —me preguntó.

—No —le mentí—. Estoy bien.

Pero no lo estaba. ¿Cómo iba a estarlo?

Puedo sentir aún el sabor de mis lágrimas cuando me acuerdo de ese día y de cómo él me hizo en parte quien soy. Lo malo es que nunca me dijo que me quería. Nunca me dijo que se sentía orgulloso. No en voz alta. Nunca cuando creía que yo lo podía oír. Él nunca supo de ese día, poco después de que yo empecé a hacer mi acto de comedia y me habían tomado las fotos publicitarias, y él vino a casa con unos amigos un domingo por la noche, alrededor de las diez. Una de mis primeras fotos estaba bocarriba sobre la mesa de la cocina, y yo estaba en mi cuarto.

—¿Quién es éste? —escuché decir a alguien— ¿Es un actor?

—No —dijo mi abuelo—. *Ése es mi nieto. Es comediante. Recién empieza, pero es muy bueno.*

Las únicas palabras de elogio que jamás escuché de él.

Gracias a Dios por las casas de proyectos urbanos. Si hubiéramos podido pagar una casa con mejores paredes, nunca me hubiese enterado.

Creo que si mi abuelo no hubiese muerto, él habría apreciado de verdad mi éxito. Cuando era niño, mi abuelo me llamaba Encanto. Era un buen apodo, pero yo pensaba que me estaba llamando gay o algo por el estilo. Así eran las cosas: me daban algo bueno y, debido a mi medio ambiente, yo lo convertía en malo.

Cuando me hice mayor y mi abuelo murió, me di cuenta de lo especial que era ese nombre. Cuando la gente me pregunta por qué nombré Encanto Enterprises a mi compañía de producción, sonrío y digo que es mi manera de honrar a un hombre que, a su manera, me enseñó lo que significa ser hombre.

LA BICICLETA

Cualquier cosa que quisieras, siempre era que no.

—¿Abuela, puedo… .?

—¡NO!

—Ni siquiera sabes qué es.

—Conozco tu cara. ¡NO!

O yo quería algo, pero ellos me decían:

—Mira, ésa va a ser la última fregada cosa que vas a pedir jamás.

A veces me preguntaban:

—¿Qué edad tienes?

—Nueve.

—Okey, mira, piénsalo, porque te queda mucho por vivir. Si quieres patines, tómalos, pero eso es todo.

—No importa.

—Bueno, pues vámonos. Líder del Equipo, pero si ni siquiera puedes caminar y vas a caminar con ruedas, hombre. Loco. No tengo tiempo para enseñarte. Así que si no sabes, ahí te quedas.

Sabes, otros padres le compraban a su hijo una bicicleta y ya venía armada, con el casco puesto sobre el manubrio.

—¡JOSH, eso es PARA TI!

—¿De verdad que sí, Father?

¿En mi casa? En Navidades, mi abuelo, medio borracho, iba arrastrando la caja hacia la sala...

—Eh, mira, ésa es la bicicleta que querías. ¿Por qué lloras? Mejor que estés llorando de alegría, cabrón; tuve que halar la jodida bicicleta desde el garaje. Dice Huffy, sí, quien está huffy [1] ahora soy yo. Apenas puedo respirar. Seguramente que por eso le pusieron Huffy, porque saben todo lo que uno tiene que halarla. Mira, vamos a armarla, ahora mismo; me siento bien... bebí en el trabajo y vine para la casa... Ya estoy, ¿cómo se dice en inglés?... light-headed. [2]

Entonces mi abuelo por fin arma la bicicleta... y hay piezas que sobran. De las grandes.

—Súbete.

—¿Que me suba? Pero si le faltan piezas.

—Súbete, cabrón, súbete y vamos a ver qué pasa; si anda, no hay problema. Muchas veces mandan piezas de más. Como una... medida de precaución, mira.

—¿Dónde están las rueditas de aprender?

—Cabrón, ¿cuántos años tienes, cuatro? Tú no necesitas rueditas de aprender. Cuando yo tenía tu edad ya estaba manejando el chingado carro. Por el Grapevine... llevando uvas desde Fresno... Cuatro años y no puedes montar una bicicleta. Te voy a enseñar... así. Mira, súbete, ¿Los pies no te llegan a los pedales? Mira, como yo te enseño no tienen que llegar. El pedal sube, lo empujas pa'bajo. Cuando subes, los empujas pa'bajo. Pa'bajo. No dejes que te toque en la parte de atrás de la pierna, te va a cortar. Ni siquiera necesitas las dos piernas... sólo una. Mira, déjame aguantar el manubrio. Ve hasta el carro y espérame. ¿Listo? A las

1. Huffy es una marca de bicicletas, pero la palabra también significa "falto de aire" en spanglish. (N. del T.)
2. Light-headed—Medio mareado por haber bebido alcohol. (N. del T.)

tres. Uno, dos… ¡Empuja el pedal pa'bajo! ¡Empújalo PA'BAJO! EL PEDAL…

—Se cayó en la hierba, no le pasó nada.

—¿Por qué lloras? ¿Quieres ir a McDonald's? ¿Un Happy Meal? Bueno, pues ponte happy, cabrón.

YO Y ERNIE Y FREDDIE

Crecí en un *cul-de-sac* —en francés, callejón sin salida— entre una lavandería y la Carretera I-5, en un casa estrecha, poco iluminada y situada en un terreno bajo, en la calle Hager, en la sección de Mission Hills de San Fernando. Mis abuelos se habían mudado muchas veces antes de establecerse en Hager a principios de los años sesenta, y cuarenta años después mi abuela sigue viviendo en el mismo lugar de siempre.

Es el tipo de barrio donde la mayoría de las casas no han cambiado mucho, nadie se muda demasiado lejos, los camiones se estacionan en ángulo en las entradas de las casas y las jovencitas que van a la secundaria se las arreglan para salir embarazadas.

Era un cuadra tan triste que ni el heladero se molestaba en pasar por mi calle. Allí estaba yo, como un fiel cliente esperando en la acera, escuchando sus campanitas, pero él daba la vuelta y se iba. Yo tenía que caerle atrás tres cuadras antes de que se detuviera.

Sí, nuestra esquinita del Valle podría haberse llamado Sin Esperanza. A principios de los sesenta, los mexicanos ni siquiera contaban como personas en el Sur de California. Millones habían arriesgado sus vidas para cruzar la frontera con poco más que sus camisas en busca del Sueño Americano, o un pedacito de eso, con poco o ningún éxito, sobre todo en Hager. Nadie llegaba a nada donde yo vivía. Graduarse de segunda enseñanza era una ilusión. Nadie trabajaba con la cabeza. Nadie ahorraba. Nadie defendía sus derechos.

Ahora, tarde en la noche, a veces recorro esas calles y rememoro las diez o quince cuadras del área entre San Fernando Mission, Laurel Canyon y Brand Boulevard, donde vivíamos mis amigos y yo, gente como Ernie, Arnold, Andy, Russell y Memo. Yo era el único que vivía en Hager. El resto de nuestro grupo vivía a unas pocas cuadras, en Mott, Macneil o Maclay. Recuerdo aún innumerables partidos de fútbol y béisbol en las calles, nadadas en Paxton Park y nuestras salidas diarias a la Little Red Drug Store para buscar caramelos, a Bob's Records para buscar afiches y a People's para buscar *jeans*.

En esa época, mi mejor amigo era Ernie Arellano. Nos conocimos en el área para jugar con arena del preescolar San Fernando. Enseguida nos caímos bien. Ambos éramos inadaptados, como los niños de la película *The Sandlot,* sólo que jugábamos sobre concreto en vez de arena. También los dos éramos bastante tímidos, y así fue cómo nos hicimos buenos amigos. De mi casa a casa de Ernie había que caminar durante diez minutos por un callejón estrecho y por debajo de la carretera. Él vivía enfrente de Thrifty, nuestro primer centro de compras oficial. El *mall* se ha desmejorado un poco. Family Fashion, First Bargain y la lavandería siguen allí. El Kmart se llama ahora Ken Mart.

Yo era el único chico mexicano de mi barrio (tal vez del país) que no tenía hermanos. Todos mis amigos tenían hermanos y hermanas. Menos yo. Ernie era lo más cerca que tuve de un hermano.

Durante nuestra infancia y adolescencia, fue siempre George y Ernie. No Ernie y George, sino George y Ernie. Yo y Ernie. Esa frase la repetí mil veces durante esa época. Yo y mi amigo Ernie vamos a jugar. Yo y Ernie vamos a la tienda. Yo y Ernie estamos saliendo con una chiquitas, vato. Él tenía una familia unida; yo tenía una telenovela. De todos modos, todo lo hacíamos juntos. Montar bicicleta, caminar a la escuela, las fiestas, lo hicimos todo.

Yo y Ernie…

OTRAS VOCES—ERNIE ARELLANO

*Nunca conocí al padre de George y tengo un recuerdo
muy vago de su mamá. Su abuela me recordaba a
Yvonne DeCarlo. No a Lily Munster, el personaje
que DeCarlo interpretaba, sino a Yvonne DeCarlo, la actriz. Y su
abuelo me recordaba a Richard Deacon, del viejo programa de
Dick Van Dyke.*

*Uno de mis primeros recuerdos de George es de nosotros dos
caminando hacia la casa desde la escuela. Estábamos en primer
grado, probablemente teníamos alrededor de cinco años de edad.
Cuando llegamos a casa de mi tía y mis tíos, donde yo me quedaba
hasta que mis padres me recogían cuando regresaban a casa del trabajo, le dije a George, "Te veo mañana", y George comenzó a llorar. Mi tío salió y le preguntó a George qué pasaba, y George le
dijo, "Me olvidé dónde vivo". Entonces todos nos montamos en el
carro de mi tío y George decía, "A la derecha, y otra derecha, ahora
izquierda, y es la segunda casa". George sabía exactamente dónde
vivía, lo que no quería era irse solo a su casa.*

El chico de *Home Alone*[1] no era nada comparado conmigo.

Yo no supe que había un nombre para niños como yo hasta que
un día vi un anuncio de televisión sobre un chico que, de vuelta de la
escuela, llegaba a una casa donde no había nadie. Cada día, a eso de las
tres, ése era yo, entrando por la puerta de la cocina o deslizándome
por una ventana abierta.

Cuando estás solo en casa, el amor se te aparece con otras formas
y rostros. Algunos niños les hablan a sus juguetes. Otros tienen amigos
imaginarios. Otros viven en mundos inventados llenos de personas

---

1. *Home Alone*—La película *Solo en casa*. (N. del T.)

que no discuten ni beben, de gentes a quienes no les resulta imposible darte un abrazo o un beso o un elogio o una sonrisa. Las personas con las que yo interactuaba en esas solitarias tardes vivían en una caja. Mi familia electrónica —los anfitriones de programas de variedades como Mike Douglas, Merv Griffin y Dinah Shore— siempre estaban invitando a gente cómica e interesante. Jimmie "JJ" Walker, Richard Pryor y George Carlin fueron algunos de mis primeros favoritos; yo y Ernie llegábamos corriendo de la escuela para verlos.

Por eso desde jóvenes nos comenzó a gustar la comedia, y conocíamos a todos los comediantes, los famosos y los no tan famosos. Un día en que estábamos conduciendo sin rumbo por Laurel Canyon Boulevard, en North Hollywood, nos pasó por el lado un auto que iba en dirección contraria. Los dos gritamos:

—¡Ése es Johnny Dark!

Tienes que conocer bien a los comediantes para recordar —e incluso para haber reconocido— a Johnny Dark, pero él era punto fijo en la Comedy Store a finales de los setenta, junto a gente como David Letterman, Elayne Boosler, Jay Leno, Steve Landesberg y Pryor. Dimos una súbita vuelta en U en medio de Laurel Canyon y seguimos a Johnny Dark hasta su casa. Salté y me le acerqué en la entrada del garaje.

—Soy George López —le dije— y quiero ser comediante, como usted.

Nos dijo que esperáramos afuera, entró a su casa y regresó con dos fotos de ocho por diez, una para cada uno y autografiadas; se quedó un rato con nosotros y nos habló sobre su trabajo. Era un tipo tan chévere, y fue fantástico estar en presencia de un comediante profesional.

Fue en esa caja electrónica, durante el verano de 1974, donde conocí a mi nuevo mejor amigo. Con el tiempo él se convertiría en mi ángel de la guarda, aquél que cuidaría de mi carrera desde el cielo. Y hoy en día, de una extraña manera, me he convertido en el guardián de su recuerdo.

Yo tenía ya trece años cuando salió la promoción, un Chevy clásico del 1974 con pompones y la antena y el perrito en la ventana trasera, seguido de las palabras "Espérelo este verano". Desde ese momento, me sentaba frente al televisor, sin despegar la vista, esperando, ansiando ver aquella promoción otra vez, ver a este muchacho, este Chico con ojos de seductor, vestido de mezclilla igual que yo, con la actitud del que se las sabe todas, ese bigote caído, el pelo largo y un cuerpo de chulito.

Mi ídolo… Freddie Prinze.

Piensen en Robin Williams en los ochenta o en Chris Rock en la actualidad, y ése era Freddie Prinze Sr. a principios de los 70. Palabras como "genio creativo" se prodigan mucho en mi oficio, pero sí dan en el blanco cuando se trata de talentos cómicos como el de Frederick Karl Pruetzel, nacido el 22 de junio de 1954, hijo de una madre puertorriqueña y de E. Karl Pruetzel, el exigente padre húngaro que a Freddie realmente nunca le gustó.

Creció en Washington Heights, en Nueva York —"un barrio bajo con árboles", como él lo llamaba—, estudiaba música y kárate, y soñaba con fama y fortuna. Su ídolo era Lenny Bruce. Por fin, Freddie tuvo su gran oportunidad con presentaciones esporádicas en sitios importantes de comedia de Nueva York, como el Improv y Catch a Rising Star, cautivando al público con su talento humorístico y sus imitaciones. No pasó mucho tiempo antes de que recibiera la llamada por la que se moría cualquier comediante de aquella época: una invitación para presentarse en el programa *The Tonight Show,* de Johnny Carson. Esa noche, Freddie fascinó a Johnny de tal manera que Carson le ofreció un ambicionado asiento en su sofá. Eso contribuyó a su meteórico ascenso y condujo a una prueba en el verano de 1974 que cambiaría —y, a la larga, ayudaría a terminar— su vida.

OTRAS VOCES—RON DE BLASIO, REPRESENTANTE DE FREDDIE PRINZE

Estoy de gira con Pryor y vamos a Chicago y terminamos un show y Richie dice:—Arriba, esta noche nos vamos para un club.

—Yo no quiero ir a un club —le digo.

—No, tú sí vas a ir a un club. Vamos a Mr. Kelly's a ver un amigo mío, un comediante.

—¿Quién es el tipo?

—Hijoeputa, vamos, ven conmigo —dice él.

—¿Cómo es?

—Es hispano, bueno algo así, de Nueva York, es como yo.

—¿Cómo tú?

—Ajá.

—Ummm.

Así que entramos a Mr. Kelly's, un club que yo conocía bastante bien. Bette Midler se dio a conocer allí. Streisand actuó allí. Mr. Kelly's era uno de esos sitios donde había que saber actuar.

Entonces veo a Freddie y me parece cómico. A pesar de que es un chico de diecinueve años, su lenguaje es un poco grosero, pero le gusta a la gente del jazz, personas mayores, viejos clientes de Chicago, bebedores, parejas, algunos no están con sus esposas, es el Chicago de Frank Sinatra. Bueno, a mí el chico me gustó un poco, y salimos, y Freddie me dice: 'Así que vio mi acto… ¿le gustaría representarme?"

Sin pestañear, le digo, "¿Qué te represente? Ni siquiera sé si me gustas". Y allí se acabó todo.

Luego el programa salió al aire y él se hizo famoso. Veo un ejemplar de la revista Time y el título del artículo es "El príncipe de la televisión".

Entonces hago indagaciones acerca de Freddie y me entero de que entre sus muchos problemas, aunque no el mayor, está su representante. Freddie me llama de nuevo y conversamos, pero nada resulta de esa conversación. Luego, una noche, bien tarde, Freddie me dice: "Oye, tengo un abogado, David Braun. ¿Lo conoces?"

Le digo, "Sí, es un tipo honrado, te habla claro".

"Escucha, tengo un acuerdo según el cual, por el tiempo que dure el contrato que tengo con mi representante, estoy obligado a pagarle lo que está acordado, así que podré pagarte una comisión reducida, pero en cuanto esa obligación se termine, te pagaré tu comisión de representante completa."

"Okey", le contesté, "me parece bien".

Freddie Prinze fue lo que realmente hizo que yo y Ernie profundizáramos nuestra amistad. Ambos habíamos visto actuar a Freddie en el *Midnight Special*. Vestía unos *jeans* acampanados y una camisa con piedras de fantasía, y a mí y a Ernie nos encantó. Hasta ese momento, el único latino de la televisión con quien podíamos relacionarnos era Pepino, de *The Real McCoys*. Freddie fue nuestros Beatles, y ese programa fue nuestro *Ed Sullivan Show*.

Para mí, Freddie fue el Desi Arnaz de la segunda generación. Desi fue el cerebro de *I Love Lucy*, el hombre al que Bob Hope en una ocasión describió como una de las personas más inteligentes que él había conocido en Hollywood. Desi inventó el formato de las tres cámaras que usan hoy los programas de comedia, pero debido a la barrera del lenguaje —y no mencionemos la barrera del *la raza*— nunca recibió el reconocimiento que se merecía.

Conociendo la historia de Hollywood, no resulta extraño que la estrella de *Chico and the Man*[2] no fuera Freddie, sino Jack Albertson, un veterano actor que había ganado un Oscar, quien hacía el papel del

---

2. Chico and the Man—Chico y el hombre. (N. del T.)

malgenioso viejo Ed Brown. Ed era el pendenciero dueño de un taller de reparación de autos en un ruinoso barrio —para Ed, un barrio con más gente de la cuenta— de la zona este de Los Angeles. Freddie hacía de un chicano bromista llamado Chico Rodríguez, quien llegaría a ser el socio de Ed en el taller.

Al menos ésa era la premisa de la trama, parecida a la de cien otros programas cómicos sobre dos personas que se llevan como perro y gato. Con la diferencia de que en este caso el productor ejecutivo era James Komack y había un actor como Albertson dispuesto a compartir el escenario con un cometa como Freddie, que cruza velozmente por el cielo una vez cada diez años.

El programa salió al aire por primera vez el 13 de septiembre de 1974. Las primeras palabras que escuché fueron *"Chico… no te desanimes… el viejo no es tan difícil de comprender"*, escritas y cantadas en inglés por el incomparable José (*"Light My Fire"*) Feliciano. En la primera escena, el arrugado Albertson, hablando entre dientes y refunfuñando, está bajando las escaleras desde su dormitorio situado encima del garaje. Por si fuera poco, hasta le da una patada a un balde de agua que estaba en su camino. El mundo estaba cambiando y Ed Brown no quería saber nada de eso. Avanza arrastrando los pies hasta la caja registradora donde, después vemos, tiene un vaso escondido, y se sirve un trago antes de pronunciar la primera frase del programa:

—En aquella época los mexicanos sabían su lugar: México.

Mirando ese primer episodio hoy en día, aún puedo ver lo que me atrajo, lo que atrajo a todo el país. Desde el primer momento, Freddie penetró, literalmente, en la vida de Ed montado en su bicicleta y dijo:

—Oh, buenos días —dice Freddie con un tono atrevido que demuestra que él es la contrapartida perfecta para Albertson.

—Me gané una Estrella de Plata en Viet Nam —dice Chico.

—¿Dónde? —replica Brown—. ¿Jugando a los dados?

—Quiero mi lugar bajo el sol —dice Chico.

—Entonces vete a la playa.

Así continuaron gran parte de los tres años siguientes, casi siempre los viernes por la noche, entre las ocho y media y las nueve. Para un muchacho de trece años, aquel era un programa "bueno", para un adulto, Komack & Co. ofrecían una visión ligera, pero penetrante, de los problemas familiares, culturales y sociales de la época. Como cuando una jovencita em-

barazada de habla hispana llega al garaje, y Ed da por sentado que Chico es el padre, o la vez que Ed se equivoca en cuanto a lo que Chico y su novia estaban haciendo en la parte de atrás de su camioneta; o en otra ocasión, en una situación puramente cómica, Ed llega a convencerse de que ha perdido su habilidad como mecánico.

Con un reparto secundario que incluía a Scatman Crothers, Della Reese y Charo, y artistas invitados como Shelley Winters, Sammy Davis Jr. y Jim Backus, el programa fue un éxito desde el principio, subiendo hasta el primer lugar de los niveles de audiencia. Con el tiempo, la secuencia inicial de presentación de créditos se sofisticó un poco —las imágenes de los barrios latinos de Los Angeles se modernizaron— y lo mismo sucedió con los créditos del reparto. Lo que una vez fuera "Presentando a Freddie Prinze" pronto se convirtió en "También como estrella".

A medida que pasó el primer año, y el segundo y el tercero, Chico se muda con Ed, y Ed se enamora de Connie, la tía de Chico. Al mismo tiempo, los norteamericanos se enamoraron de Freddie. Y nadie más que yo. Un día me senté y escribí una carta a NBC pidiéndoles, con mi mejor caligrafía, que por favor, por favor, me enviaran dos boletos para una grabación de *Chico and the Man*. Un par de semanas después llegó un sobre dirigido a mí. Dentro, una carta y dos boletos para el programa. Fue como ganarme la lotería.

—Quiero ir —le dije a mi abuela—. Llévame, por favor.

Ella no respondió, así que conté los días hasta que, finalmente, llegó la hora de ir. Aún puedo verla en la cocina, y verme a mí pidiéndole, rogándole, suplicándole que me llevara. Y ella volviéndose hacia mí y diciéndome:

—No te voy a llevar. No vamos a ninguna parte.

Hay llanto y hay lágrimas que desgarran el corazón de un

niño de trece años. Ese día en la cocina, perdí un trozo de mí.

Sin embargo, de una manera extraña, desde la distancia me acerqué aún más a Freddie, mientras él ascendía vertiginosamente a la fama y frases como *"Loooking Goood,"* y *"Ees not my job"* invadían la cultura popular: Freddie volando a Las Vegas para hacer presentaciones personales en teatros llenos, grabando un álbum de comedia, apareciendo como invitado especial en todo, desde los banquetes satíricos para comediantes de Dean Martin hasta el baile de inauguración presidencial de Jimmy Carter en Washington, DC. De la noche a la mañana, su fama y fortuna como comediante se mezclaron con un ingrediente explosivo: se convirtió en el galán de moda para quienes leían *Tiger Beat* y *Sixteen,* y aparecieron seductores artículos de portada sobre él en *Rolling Stone* y *Playboy*.

Cuando estaba de vacaciones, Freddie conoció a la mujer que, durante un tiempo, lo ayudaría a manejar su celebridad, la creciente batalla por su tiempo y su talento. Él y Katherine Cochran se casaron en agosto de 1975 y luego tuvieron un hijo, Freddie James Prinze, en marzo de 1976. Resultó que ya para entonces Freddie estaba ahogándose poco a poco, le iba mal en su matrimonio, las drogas habían alterado su mente y estaba preocupado por una demanda legal por incumplir el contrato de un antiguo representante.

Yo sabía todo lo que se podía saber sobre Freddie. Carajo, yo *era* Freddie.

Su foto colgaba de la pared de mi dormitorio. Día tras días la miraba fijamente, pensando: *Yo puedo ser comediante. Yo puedo hacer lo que Freddie está haciendo. Quiero hacer reír a la gente.*

OTRAS VOCES—RON DE BLASIO

Comenzamos a trabajar juntos y nos hicimos buenos amigos. Yo pasé junto a él por todas las intrigas. Freddie tenía un problema

de drogas, pero nunca se notó en la televisión. Yo sabía que no le gustaban las drogas, aquello no era más que un escape. Era un joven inseguro. Hablamos muchísimo sobre su problema y yo traté de convencerlo de que comprendía lo que le estaba sucediendo. Un chico de veinte años, te piden que entretengas a adultos, que captes su atención con cosas con las que ellos se puedan relacionar, y tú eres un chico de la calle, y ya te identifican como una personalidad de la televisión, así que ellos esperan a un chico agradable, no a un tipo que eche palabrotas a cada momento. Nadie esperaba los chistes raciales, los chistes sobre sexo.

El día anterior a la última jornada de grabación de la temporada, me llamó un par de veces. Estaba triste, deprimido, lo cual no era raro. Estaba teniendo problemas con Kathy los abogados estaban hablando horrores. Y yo le dije que todo eso era una pose. Se sentía disgustado con el divorcio.

Esa noche, me llamó otra vez. Me dijo:

—Sabes, Ron, me siento mal. No me siento nada bien.

—¿De qué se trata?

—Me siento acosado. Mañana es nuestro último día de grabación.

—Mira, fíjate dónde estás ahora —le dije—. Estás a la delantera de todo el mundo. Mañana es el último día del programa. Después de eso vas a tener tu propio especial en NBC. Vamos a producir otro programa de comedia. Vamos a esperar a que pase el verano. Todo va a salir bien. Vamos a superar esta situación.

—Okey, está bien, es cierto —me dijo—. Gracias, gracias, Ron. Comprendo.

Unos diez minutos después recibí una llamada de Carol Novak, su asistenta. Me dijo que no había problemas, que lo que yo le había dicho había dado resultado. Había grabado todo el programa. Ella me dijo que todo estaba bien, tanto que podía irse. Que él iba a prepararse para trabajar al día siguiente.

Le pregunté qué había pasado en el set, y me dijo que él se había tomado algunos quaaludes. Le dije:

—Okey, ¿cuántos?

—No sé —me dijo—. Le pregunté y me dijo
que se había tomado… siete.

Así que ese día se tomó esos quaaludes, no comió
nada y se sentía deprimido. Pero cuando hablé de nuevo
con él, estaba animado, y yo pensé: "Okey, está sa-
liendo de eso, va a ponerse bien". Y allí acabó todo. Me fui a la cama.

El teléfono sonó a las tres de la mañana. Mi mujer dijo:

—Creo que esta llamada no va a ser para algo bueno.

Dusty, su representante de negocios, estaba al teléfono. Estaba sollozando, sin aliento, como si hubiera corrido un maratón.
No podía respirar.

—Lo hizo, Ron. Lo hizo —me dijo.

—¿Qué hizo?

—Lo hizo. Dijo que lo haría y lo hizo.

—Okey, Dusty, cálmate, ¿qué hizo? ¿Qué hizo? ¿Qué pasó?

Me dijo que Freddie se había pegado un tiro.

Cuando llegué al hospital, todo indicaba que Freddie, en realidad, había muerto. Las máquinas lo estaban manteniendo con
vida. Un desastre. David Braun, el abogado de Freddie, y yo nos
fuimos a un rincón al final del pasillo, aconsejándonos y consolán-
donos mutuamente; David me confortó muchísimo. Fue entonces
cuando me acerqué a donde estaban la madre y el padre de Freddie, y Kathy. Con muy pocas palabras, todos llegamos a la misma
conclusión, todos queríamos ir y ver a Freddie por última vez. Lo
hicimos. Descansaba en paz, y parecía en paz. Le dijimos adiós.

En enero de 1977 yo estaba en el décimo grado del instituto de San
Fernando. Cada mañana, un viejo radio blanco RCA me despertaba
con su alarma. No era gran cosa, plástico y aproximadamente del
tamaño de un ladrillo, maltrecho y destartalado como tantas cosas de
mi vida. Pero a diferencia de mi madre o mis tíos, era confiable. Los

sonidos de KHJ 93 cada día de la semana a las cinco y cincuenta de la mañana anunciaban que era el momento de levantar el trasero de la cama y arrastrarme hasta la escuela.

No había día en que no escuchara informaciones contradictorias al despertarme: tiempo soleado, tráfico congestionado. Pero no el 28 de enero de 1977. Ese día las palabras del locutor parecieron viajar a través de una bruma. ¿Qué estaba diciendo? ¿El comediante Freddie Prinze tenía *qué*? ¿Estaba *dónde*? En el hospital. ¿Heridas *autoinfligidas*?

Me senté al borde de mi cama con la boca abierta durante unos veinte minutos. Absolutamente conmocionado.

En la escuela, no se hablaba de otra cosa. Era un viernes.

Lloré. Mi héroe, mi protector, el hombre que me sacó a través de la inmensa capa de tristeza que era mi vida, ¿se había disparado un tiro? Mierda. Mierda. Mierda.

Al día siguiente ya Freddie estaba muerto, a los 22 años.

Cuando Freddie murió, para mí y para Ernie fue como cuando mataron a John Lennon. Un año después de su muerte, yo y Ernie hicimos el recorrido hasta el Comstock Hotel, donde Freddie se había suicidado. Subimos hasta su piso y nos paramos afuera de la habitación 216. No hablamos. Solamente sacudimos la cabeza.

¿Murió con él algo de mí? Seguro que sí. Fue como enterarte de que tu hermano se ha suicidado, como perder al mejor amigo cuando más lo necesitaba. ¿Cómo llorarlo? ¿Qué hacer?

Los periódicos dijeron algo acerca de un funeral —al cual yo no podía asistir—, añadiendo que Freddie sería enterrado en el Forest Lawn Memorial-Park, en Hollywood Hills. En ese entonces yo no sabía que Forest Lawn es el Ritz-Carlton de los cementerios, una residencia de cinco estrellas para los muertos. (Casi todos los mexicanos que "descansaban" en Forest Lawn eran los antiguos artefactos aztecas de la fascinante Plaza de la Herencia Mexicana en la parte de atrás… o estaban en su hora de almuerzo.) Bette Davis está enterrada en Forest Lawn; y también George Raft. Es un sitio elegante, campestre, más de 350 espléndidos acres desde donde se ve la parte trasera de los

estudios Warner Brothers. No hay cercas y se les advierte a las familias que sólo se permiten flores frescas, y que no se permiten decoraciones "no tradicionales" como bordes, potes de plantas, ornamentos, estatuas o búcaros, los cuales serán retirados del lugar.

Yo no tenía idea de cómo encontrar a Freddie. Pero sabía que teníamos que hablar. Me decía que no podía ser muy difícil, hasta que llegué allí y vi esos 350 acres que se extendían en arqueadas elevaciones aparentemente infinitas. Yo sólo sabía que él no estaba bajo tierra, y que tenía que haber un montón de flores, así que salí en mi LTD gris del setenta y seis, un carrazo monstruoso, con más base que pintura, en busca de ramos enormes de flores frescas, yendo de arriba abajo, por un lado y por el otro, hasta que finalmente, muy atrás, por la parte más alta del lugar, llego a algo llamado Plazas del Recuerdo. Una cascada de mármol y dinero, el tipo de sitio que frecuentaría el Hollywood del pasado, por lo que seguí caminando, echando una ojeada a mi alrededor y bajando por los senderos, no muy seguro aún, hasta que, en el Refugio de Luz, un jardín de flores me llamó la atención. *Freddie,* pensé. Y estaba en lo cierto. A la extrema derecha, dos arriba, una hacia adentro, está su cripta.

•••

Freddie Prinze
Te queremos
Salmo 23
1954–1977

•••

Su padre, Karl, está enterrado a su izquierda. A la derecha descansa el duro de Raft. Pero yo sólo me fijé en Freddie, e hice lo que sigo haciendo hoy en día: comencé a llorar. Después de un rato, empecé a inclinarme hacia delante para tocar la placa para que me infundiera fuerza, y sentí que mi mano la movía ligeramente.

Mmmm. Está un poco suelta aquí.

Se sentía como, bueno, el tipo de lámina que si te concentrabas y la meneabas un poquito hacia delante y hacia atrás, y otro poquito hacia los lados, luego un poquito más, y luego, mirando a tu alrededor, un poco más fuerte, podría ser que… cayera en tu mano.

Un momento, antes de que llamen a la policía, cuelguen el teléfono. Kathy Prinze, la viuda de Freddie, sabe que yo tengo la plaquita. Como con muchas cosas que tienen que ver con Freddie y conmigo, la historia de cómo ella lo descubrió es un tanto sobrenatural, pero vale la pena contarla.

Comienza cuando queríamos comprar una casa en Toluca Lake. Yo regresaba a casa de un viaje y Ann me dice:

—Adivina con quién vamos a encontrarnos a las dos.

—¿Con quién?

—Kathy Prinze.

—¿Qué?

—La mujer que estaba con Freddie la noche que murió, Carol Novak, su asistente personal y amiga de Kathy, es nuestra agente inmobiliaria.

—Yo no voy a ir.

—Tú TIENES que ir.

—No, yo NO voy a ir.

—No sólo VAS A IR, sino que también le vas a decir a Kathy lo que sientes por Freddie.

Así que fuimos, y estoy frente a la esposa de Freddie, una fantasía para mí, de pie, en medio de una larga e incómoda pausa, cuando Ann interviene y dice:

—Kathy, George era un gran admirador de Freddie.

Entonces le cuento a Kathy cuánto y por cuánto tiempo adoré a su esposo. Dónde estoy ahora gracias a él. Él fue quien me hizo salir de mi casa, de mi calle y llegar a la comedia. Kathy empieza a llorar, yo empiezo a llorar, Ann empieza a llorar.

Con el tiempo, los tres nos hacemos buenos amigos. Tan buenos que no hace mucho Kathy me regaló un pequeño llavero de piel.

—Era de Freddie—me dijo.

Cada vez que entro en el set deslizo ese llavero dentro del bolsi-

llo derecho del pantalón. Es mi amuleto de la buena suerte, mi modo de mantener junto a mí el espíritu de Freddie. Mi modo de decirle: "Gracias, ese, mira alrededor, este también es tu triunfo".

Así que un día, considerando todo lo que Kathy ha significado para nosotros, Ann se siente capaz de informarle que yo tengo la placa.

—Sabes… —dice Kathy al cabo de una pausa—. Siempre me pregunté qué había pasado. Pero entre toda le gente que pudiera haberla tomado, me alegro que haya sido George.

Por alguna razón, mientras que las muertes causadas por las drogas de Lenny Bruce, Jim Morrison, Jimi Hendrix y Janis Joplin lograron aumentar su popularidad, con Freddie, sea por lo que sea, sucedió lo opuesto con su suicidio. Su enorme sombra se empequeñeció.

Siempre he creído que debemos recordar el modo en que Freddie *vivió,* no el modo en que murió. Así que fue la primera semana de marzo de 2004 cuando subí orgullosamente al escenario del Hollywood Palladium para presentar un premio TV Land que rendía homenaje, por primera vez, a la vida y al legado de Freddie Prinze Sr., ante una multitud llena de mis héroes de la niñez: Tony Orlando y Dawn, Patty Duke, y estrellas de *The Beverly Hillbillies, The Munsters, Love Boat* y *Gilligan's Island.*

Me sentía un poco como Tom Hanks en la película *Cast Away,* perdido en una isla desierta, y luego, por fin, treinta años después, tengo la oportunidad de decirle a Freddie: "Aquí está tu paquete". Aquí está, hombre, después de todas las idioteces que te dijo la comunidad mexicana porque eras puertorriqueño, porque te quitaste la vida, he aquí tu premio, presentado por un mexicano cuarentón que idolatraba cada palabra que decías, la semilla ya crecida de lo que tú y sólo tú sembraste en 1974.

Al sentir el amor del público, me atreví a hacer una imitación perfecta de mi hombre, Chico. Les encantó. Quise a Freddie, les dije, y lo sigo queriendo. Nunca olviden a Freddie, dije. Recuerden el modo en que vivió, no el modo en que murió.

Y entonces llamé a su único hijo al escenario.

Sí, fue un momento emocionante. La primera vez que el actor Freddie Prinze Jr. había decidido homenajear a su padre de una manera tan pública.

Nos paramos allí, juntos, aparentemente solos, y entonces Freddie me abrazó, un abrazo largo y profundo que pareció viajar en el tiempo, conectando a dos hijos jóvenes que nunca conocieron a sus papás, pero que, sin embargo, se sintieron misteriosamente atraídos, a lo largo de los años, hacia el mismo hombre, y que ahora estaban compartiendo la noche dedicada a él como si fueran una sola persona.

—Quédate aquí conmigo —me susurró Freddie.

Y lo hice. Radiante de orgullo al recibir el premio, él sintió realmente la grandeza de su padre, me parece que por primera vez.

Y anoten esto: muy pronto este niño al estilo del de *Home Alone* va a comprarse una casa grande, grande, con vista a Los Angeles. Y cuando lo haga, tengo pensado colocar un banco en el patio y darle a la plaquita de Freddie un lugar de descanso apropiado, un esplendoroso panorama de las estrellas para una estrella, un cometa de la comedia, que no hizo nada menos que cambiar mi vida.

Al paso de los años, Ernie y yo nos alejamos a principios de los noventa por una estúpida cuestión de dinero. Pasamos años alejados sin intentar reconciliarnos. Cada uno de nosotros hubiera podido fácilmente encontrar al otro, pero nunca lo hicimos. Él vino una vez a *The Ice House* a verme y todo lo que dijo fue:

— Tremendo público.

Nada acerca de los verdaderos problemas que nos separaban. Yo no supe qué hacer.

En mi programa trabaja un señor llamado Irv que se encarga del transporte. Resultó que la hermana de Ernie, Dorie, trabaja para la esposa de Irv, que es dentista, y a través de ellos conseguí el teléfono de la mamá de Ernie. Gracias a mi terapista, he comenzado a cerrar esos

círculos de mi vida, y Ernie era uno de los más grandes. Hoy en día, Ernie es asistente del superintendente de una división de la segunda urbanizadora más grande del país. Nunca se casó, pero en 1987 tuvo un hijo, mi ahijado, Neil. Neil se ha convertido en un prometedor boxeador *amateur* que aspira a pelear en las Olimpiadas algún día.

Hace cerca de un año, Ernie conducía hacia su casa camino de un trabajo en West Covina cuando sonó su celular. Lo saludé. No habíamos hablado en más de diez años y se sorprendió muchísimo al escuchar mi voz, aunque enseguida supo que era yo. Le dije:

—Quiero que nos juntemos.

—¿Para qué? —me dijo él.

—Estoy en terapia y te menciono con frecuencia —le dije.

Se disculpó. Le dije que yo nunca había dejado de ser su amigo. Invité a Ernie y a Neil a una de mis presentaciones el pasado octubre en el Universal Amphitheatre.

Hacia el final del espectáculo miré la sala, repleta con unas 6,500 personas, y compartí con el público mi historia de cuando trabajaba en ITT en Van Nuys y venía al anfiteatro con mi amigo Ernie para ver Comic Relief, y cuánto ansiábamos brincar la cerca porque no teníamos boletos y no podíamos entrar. Pero, déjenme decirles, entrar por la puerta del frente dieciséis años después es mucho mejor que saltar esa maldita cerca…

Yo no hubiera podido pararme en ese escenario ni estar donde estoy hoy sin que alguien hubiera creído en mí, y nadie me ayudó tanto como mi amigo Ernie.

OTRAS VOCES—ERNIE ARELLANO

Aunque estoy muy lejos de todo eso, siento mucho orgullo. George y yo éramos como Sears Roebuck, y yo soy Roebuck. ¿Quién conoce a Roebuck, no es cierto? Pero estoy orgulloso de haber sido parte de su triunfo desde el principio.

Sé que suena mal decirlo, pero a veces deseo que George no hubiese tenido tanto éxito, no porque me sienta celoso, sino porque extraño lo de antes. Extraño los días en que íbamos al Astroburger en Santa Monica después de sus shows y nos sentábamos a repasar su actuación.

BODAS EN EL PATIO

Casi todo lo que hay de interesante en una familia chicana comienza o termina en el patio trasero de la casa.

Una razón importante para esto es que bebemos más que nadie. En lo de beber, nadie tiene nada que enseñarnos.

Otros pueden beber socialmente una copa de vino.

—¿Quieres otro Chardonnay, Frank?

—Oh, mejor que no, estoy sintiéndome un poco mareado.

¿Los chicanos? Nosotros nos despertamos mareados. ¿Cuántas veces te has despertado todavía borracho?

—Cabrón, no voy a comer porque todavía me siento un poco borracho.

Mi tío Víctor se lo bebía todo. Champán, cerveza, tequila, schnapps, sloe gin, Listerine, Scope, cualquier cosa que tuvieras. Era divertido.

Durante unos tres minutos.

—¿Víctor, tú bailas?

Y el resto de la noche, Víctor bailaba sólo en el patio, lentamente, y después, cuando tratabas de quitarle las llaves del auto de las manos, repetía:

—Estoy bien. Estoy bien. Mira, no necesito que nadie maneje por mí. Yo manejo mejor cuando estoy borracho.

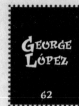

Y entonces empieza a arrancar el carro... dos veces.

Más de una vez la borrachera de tío Víctor se convirtió en grandiosa parranda durante la celebración de una boda o de un cumpleaños en el patio. Pero las bodas eran lo mejor.

Uno no va al Hilton y arrienda el salón California:

—¿Vinieron para la boda de los O'Brien en el salón California? ¿Pueden firmar el libro de invitados? Fantastic.

Mi abuela diría:

—Tás loco, California Room, mira, el patio, eso también es California. Vamos a abrir el garaje y a poner allí al DJ.

Luego, claro, traían a la novia por la mañana al "área de la recepción".

—¿Qué sucede? ¿Qué te pasa?

—No quiero mi boda en el patio.

—Ay, mira, no quieres la boda en el patio... bueno, pues dile al Líder del Equipo que busque el dinero.

—Pero yo no quiero mi boda en el patio.

—Oye, déjame decirte. He vivido muchos años. He ido a México... y a Las Vegas. Una vez fui a Fresno, pero en autobús. He viajado. Y esta noche el patio no va a lucir como luce ahora. Va a verse bien bonito. Mira, vamos a sacar todos los carros para afuera. Hasta ése, Rudy va a traer un camión del trabajo y lo vamos a sacar. Y vamos a cortar la hierba, va a quedar nais. Y en la entrada... vamos a tapar las manchas de aceite con arena, y esa va a ser la pista de baile. Y en la tendedera, mira, vamos a poner una sábana... el área para la gente importante. El resto de la casa va a ser para todo el mundo.

Y nunca hay bar abierto, no confían lo suficiente en nosotros. Uno va a una boda de anglos y hay un tipo allí parado con una camisa de esmóquin y una corbata:

—Hi, ¿martini de manzana? Oh, fantastic.

¿Nosotros?

—Eh, ¿de dónde sacaste esa cerveza?

—Shhh... De al lado del garaje, tengo un paquete de doce. No se lo digas a nadie, no se lo digas a nadie, vato. Es tu boda, eh, si no lo fuera, tendrías que buscarte tu propia cerveza.

¿Y los tragos fuertes? Escóndelos. Crown Royal...

—Mira, Crown Royal, ahora tiene un trabajo nuevo... Pero sólo se lo dicen a un grupo selecto:

—Eh, psst, oye, ¿quieres Crown Royal? Vete al cuarto del bebé. Está debajo de la cabecita, pero toma un poquito y ponlo de vuelta. Y mueve los pajaritos para que canten otra vez, mira, muévelos...

MI TÍA

Mis tías nunca fueron personas sensuales.

Todas mis tías eran bajitas y un poco gorditas. Todas tenían como seis hijos, y nunca fueron sensuales. Sabes, ahora algunas madres son atractivas. Mis tías andaban en pantuflas a las tres de la tarde. Salían de la casa en pantuflas. Pero cuando comían costillas se convertían en seductoras mujeres del cine, comiendo en el patio y chasqueando los labios: "Dame más salsa, que quiero más," y uno de mis tíos estaba en el extremo del banco sumamente enojado.

—¿Cómo es que nunca me chupas así a mí? ¡A mi nunca me das NADA!

Y mi tía le replicaba al instante:

—Tú sabes por qué, cabrón, porque este hueso está duro.

A pesar de esto, muchos chicanos tienen una tía que, cuando era joven, se veía bien. Y las únicas fotografías de la casa ahora son de cuando se veía bien.

—Mira, no me tomes fotos porque… me falta un diente aquí, mira.— Pero de lo único que habla es de cuando era joven y bella.

—Mira, cuando yo era joven, chichis, mira. Y se me salían los pezones. Iba a la panadería y me daban pan, hombre. Yo

me inclinaba hacia delante. "Dame ésos". Y el hombre seguía poniéndolos en la bolsa.

Pero ahora es vieja, como de setenta y dos años, con el pelo teñido de rubio platinado. Y tengo una tía que es más morena que yo, y tiene el pelo rubio platinado. Parece el negativo de una fotografía. "Ah, cabrón, no tenemos que enseñarle la foto, solamente el negativo".

Y ella cree que todo el mundo está celoso. "Mira, todos me están mirando, hombre." Con la minifalda de cuero, el top ceñido con los hombros desnudos y el ombligo afuera, los zapatos con los tacones de vidrio, y setenta y dos años. Y el segundo dedo del pie —el que tiene un anillo puesto— es más largo que el dedo gordo. Y cuando camina el anillo raspa el cemento, ay, ay, ay, ay, ay.

Y se emborracha de tal forma que cuando va al baño, sale con el vestido trabado en las pantimedias. La tirilla de atrás del panty ni siquiera le cae en la raja de las nalgas, está de lado.

—No se lo digas. No se lo digas.

—Mira, todo el mundo me está mirando.

—No se lo digas.

—Hombre, cabrón, voy a bailar toda la noche. Mira, vámonos. Mira esto.

Así que nosotros, por supuesto, la animamos.

—¡Ale, tía, ale!

Y mi abuela dice:

—¡Ponte el panty en el medio, cochina!

—No, mamá, mira. Porque así me duele, ay. Parece que me está rajando en dos. Así no puedo bailar.

Y entonces empieza a bailar como si estuviera en la película Boogie Nights, agitando los brazos, meciéndose con la música.

—Tengo que ser libre, así, mira, soy tu títere. Mira, soy tu títere, mira esto…

LAS PRIMERAS EXPERIENCIAS

"**S**é que ahora no puedo, pero con el tiempo lo lograré. Y voy a impactar a los americanos como si fuera un martillo. Seré el mejor."

Escribí esas palabras en un pedacito de papel blanco, ahora desteñido y enmarcado, el 6 de agosto de 1979, poco después de graduarme del instituto de San Fernando Valley.

Por supuesto, dado el conjunto desafortunado de circunstancias que parecían acechar mi vida durante esa etapa, no me gradué con el resto de mi clase. Sin embargo, pude ponerme el birrete y la toga, y caminé por el escenario junto a mi amigo Andy para recoger una caja sin diploma adentro. Eso tendría que esperar hasta que completara esa ilusoria clase de inglés durante el verano. Desfilé frente a mi mamá, asombrado de que ella se apareciera después de tanto tiempo de haberse perdido de mi vida; vino con su viejo esposo, *Senior Citizen*. Mamá se veía muy bien, vino sin cámara de fotos, pero era la imagen misma de una actitud burlona: "Ay, míralo. El Señor Me Creo Mejor que Nadie. Señor Diploma de Secundaria. Señor Sé Dónde Está África".

Mi abuelo, que siempre me había insistido en que sacara buenas notas en la escuela, prefirió quedarse en casa. Nunca he sabido por qué lo hizo. Pero no me importó. Aunque había aprobado las asignaturas a duras penas, fui el primer miembro de mi parentela, cercana y lejana, que se graduó de secundaria, y me sentía tremendamente

orgulloso de eso. *"Eso es, Chandler, el hombre moreno con la cabeza grande dijo escuela secundaria"*.

De hecho, recuerdo que el período entre los ocho y los dieciocho años estuvo lleno de primeras experiencias: el primer beso, el primer trabajo, la primera actuación como comediante… la primera vez que vi matar un chivo.

Ese inolvidable momento llegó cuando yo tenía trece años y mi pequeño compañero fue eliminado, dónde sino en el patio. Estábamos allí jugando ese día, "Vámonos, chivo. Vamos, chivo. ¡Salta! ¡Salta! ¡Chivo!", cuando mi abuela comienza a gritar desde el portal:

—Te dije que no jugaras con la comida, cabrón. ¿Qué haces?

—Estoy jugando con… con… ¿cómo debo llamarlo?

—¿Qué te parece Temporero? Porque se va para el hueco, cabrón, en cinco minutos.

Cinco años antes yo había tenido otra primera experiencia: mi primera vez al bate, gracias a esa forma glorificada de Centro de Cuidado Infantil Chicano conocido como Liga Juvenil.

—Mira, ponlo en la Liga Juvenil y así nosotros nos vamos para Las Vegas el sábado.

Practicábamos nuestros juegos en el hermoso San Fernando Park en Rock Field, nombrado así por las asombrosas graderías y baños de piedra. Me encantaba el béisbol y ser parte de un equipo por primera vez en mi vida.

Sigo siendo un tipo que funciona en equipo. Mientras que algunas estrellas de la televisión miran sus programas semanales como si sólo ellos importaran y pocas veces se mezclan con el resto del reparto y el equipo técnico, yo soy diferente. Me parezco más a un Tom Brady, Jugador Más Valioso del Super Bowl en dos ocasiones: en medio de todo, pero concentrado en lograr que mis compañeros den lo mejor de ellos. Ésa es la lección que aprendí en la Liga Juvenil.

Tal vez mi abuelo también habría aprendido esa lección, pero el hombre que hizo todos esos viajes al Dodger Stadium, por alguna razón odiaba ver jugar a su nieto.

—Bueno, vas a perder —me dijo—. ¿Para qué voy a ir… para verte perder?

—*Pero, Cuco…*

—¿Qué pasó la última vez?

—Perdimos…

—¿Entonces… ?

Sin embargo, fue en dos ocasiones. Me dejó muerto de la sorpresa. La última vez lo vi antes de oírlo, avanzando por el jardín izquierdo en su destartalado Bonneville, terminando, estoy seguro, lo que quedaba de las seis latas de cerveza que llevaba en el asiento del auto.

Dio la casualidad de que esa noche bateé mi único jonrón. Estaba corriendo cerca de segunda y camino de tercera cuando miré hacia el jardín y vi a mi abuelo situado junto a una mata detrás de la cerca del jardín izquierdo… orinando.

—Eh —me gritó mientras se volvía hacia mí—, ¿por qué estás corriendo tan despacio? ¿Te sacaron del juego?

No, Abuelo. Pero sería fantástico que encontraras un hueco donde yo pueda esconderme.

Luego estaba un favorito de la familia chicana: el siempre popular Primer Arresto.

El mío fue cortesía de mi primo Bob y una bolsita de marihuana, justo cuando yo estaba terminando el noveno grado en la se-

cundaria de San Fernando. La única razón por la que acepté la hierba fue porque me crié en una cultura en la que la gente parece incapaz de pronunciar la palabra más sencilla del español o el inglés.

No.

¿Por qué? Guíense por el coro chicano: porque como muchos de ustedes, temía que *Yo No Les Fuera A Caer Bien A Los Demás.*

Así que Bob me dio la marihuana:

—Tú fumas, ¿verdad?

En realidad, no. Pero sin saber qué decir ni hacer, la tomé. Y como no era posible que la llevara a casa, donde mi abuela la podría encontrar, la llevé a la escuela.

Mientras, estos otros bueyes —divertidos, pero tontos— se habían colado en la cafetería de la escuela y habían robado un rollo numerado de boletos del almuerzo, repartiéndolos por toda la escuela como si fueran latas grandes de cerveza. Naturalmente, yo también tomé los boletos —no puedo decir que no— y los meto en mi billetera, lo cual pareció lógico hasta que el director decide hacer de Columbo y registrar todos los casilleros de los estudiantes. En ese momento, yo estaba en mi clase de educación física, sufriendo la humillación adicional de andar con un camiseta y *shorts* blancos y apretados, cuando, de pronto, escucho un anuncio: *"George López, por favor preséntese en la oficina de educación física. Señor López, a la oficina de educación física."* Qué mierda.

Efectivamente, me visto y me llevan arrestado a la estación local de policía, convenientemente situada al otro lado de la calle. Sin esposas, tan sólo el clásico trote rápido de secundaria creado para mostrar a todos los adolescentes los peligros del uso de drogas. De pronto, me convierto en la comidilla del pueblo. Sr. Padrino, Sr. Narcotraficante, Sr. Foto de Delincuente, Sr. Huellas Dactilares, Sr. Se Le Permite Una Llamada Por Teléfono.

—¿Sra. Gutiérrez?

—Sí

—Le habla el oficial Lilos del Departamento de Policía de San Fernando.

—Sí.

—Tenemos aquí a su nieto.

Puedo escucharla en el teléfono:

—No puede ser mi George.

—Sí, Sra. Gutiérrez, hemos detenido a George López por posesión de marihuana. ¿Puede venir a buscarlo?

Bueno, ella fue y me sacó, está bien, justo después de que yo cantara todo como un pinche canario. Fue, me sacó y me llevó a casa, y luego me mandó con mi tío Freddie, en Chula Vista, cerca de San Diego, donde estuve un mes. El cambio de ambiente fue diseñado para modificar mi comportamiento. Probablemente también para salvar mi vida. Si mi abuelo se hubiera enterado, me habría matado.

Pero no es que yo fuera un muchacho con problemas ni nada por el estilo, por favor, si en el noveno grado apenas había besado a una chica —la primera fue Eva López, en sexto grado, con los labios cerrados— y tal vez me había bebido una o dos botellitas de vino en toda mi vida. Para mí, la felicidad seguía siendo jugar en la calle con Ernie, Arnold y Guillermo, llegarme hasta Bob's Records o a JC Penney.

Ése era yo, con unos quince años, moreno e inseguro, pero cuando entré en el instituto de San Fernando en el otoño de 1976, en este mar de rostros morenos y negros y blancos, yo tenía una identidad: gracias al arresto por marihuana, la gente me conocía.

Algunas noches, después de dejar a mi abuela en la casa de Hager, conducía alrededor del instituto. En esa época, aquello era como *Fast Times at Ridgemont High*… excepto por los chicanos que se drogaban. Hoy en día, las cosas no han cambiado mucho. Sí, se están haciendo muchas construcciones nuevas, pero ahora sigue siendo en gran parte como era entonces: un enorme y laberíntico amontonamiento de edificios de ladrillos, situados en un terreno bajo, que se extiende por toda una manzana. Puedo mirar alrededor del cuadrán-

gulo de la escuela y casi me veo a mí y a Ernie senta-
dos en las mesas de *picnic,* pasando el rato.

Yo no pertenecía ni mucho menos a la categoría
de los chicos populares, ni socialmente ni de ninguna
otra manera. Mi grupo de compañeros era el de los
marginados, no éramos estudiantes de primera, ni
atletas de primera, ni remotamente populares. Lo único en que yo
era bueno era en béisbol, pero como con muchas cosas de mi vida,
acabé dejándolo en mi último año del instituto. ¿Por qué? Pues porque yo no terminaba nada. Me mandaron a salir del juego por primera vez en mi vida, y no pude soportarlo. Por eso lo dejé.

Mirando al pasado, pienso que se podría decir que en lo que verdaderamente me destaqué fue en trastornar las cosas.

Tal vez era mi forma de llamar la atención. Tal vez estaba co-
brándomelas por lo que me faltaba en casa. Pero mi especialidad era
poner una clase al revés. Todos mis maestros lo sabían, mis compañeros de aula lo sabían, y yo también. Esto llegó al punto en que la gente
esperaba mi llegada el primer día de cada semestre.

—¡Arriba! —vitoreaban los chicos.

—Ohhh, noooo —gemían las chicas.

Mi mejor época debe haber sido durante el último año, cuando
llegué al estacionamiento y aparqué mi gran orgullo, mi maravilloso
LTD gris, junto al Cadillac de mi compañero de béisbol Leo James.
Noté que estaba saliendo humo por debajo de la capota del auto de
Leo. Así que, naturalmente, me las arreglo para llegar al aula de Leo, y
estoy a punto de hacer mi gran entrada cuando el maestro ordena que
me detenga:

—¡Párese allí!

—Pero Leo… Leo—le digo.

—Sr. López —continúa el maestro—, ése es su problema. Usted
no puede irrumpir aquí de esa forma. Usted no respeta mi clase. Lo
que tenga que decirle al Sr. James, puede decírselo a toda la clase.

Entonces le digo:

—El carro de Leo está ardiendo.

Aquello fue cómico. Y se vuelve aún más cómico cuando Leo arranca como un bólido del aula en el mismo momento en que llega el camión de bomberos. Su Cadillac está, ¡ay mi madre!, totalmente envuelto en llamas… junto al carro de al lado.

Un lado entero completamente carbonizado, una llanta entera derretida en el piso.

Los bomberos, moviéndose rápidamente alrededor, riegan espuma y gritan:

—¿De quién es este carro? ¿De QUIÉN es este CARRO?

Lo cual es comiquísimo también, hasta que me doy cuenta… *de que es el mío.*

Si yo no hubiera sido tan seso hueco habría movido mi gran orgullo lejos del infernal incendio. Ahora mi LTD estaba asándose junto a la mayoría de mi inventario: botellas de Seagram's 7 robadas de la licorería de Canyon Country donde trabajaba los fines de semana, y que yo vendía desde el maletero del auto durante los juegos de fútbol de los viernes por la noche. *¿Tienes TJ Swan? Claro que sí, no problem, ese. ¿De qué tamaño?*

En el instituto de San Fernando todavía queda una puerta de un aula que aún tiene un profundo significado para mí. Es la entrada al aula donde un día —no es broma— entré y le dije al Sr. Shaffer, mi maestro de drama de duodécimo grado, que yo quería ser comediante.

Él también era un comediante por derecho propio, y había demostrado ser lo bastante bueno como para actuar en el Coconut Grove, pero no quiso tener nada que ver conmigo ni con mi sueño. Todavía puedo ver la desdeñosa sonrisita y oír el tono despectivo después que hablé con el Sr. Shaffer.

—No tengo tiempo de enseñarte —me regañó frente a toda la clase—. Sabes, la comedia es un *arte.*

Y también lo es darte una patada por el culo.

Freddie había muerto hacía unos dos años, y algunos de los hermanos mayores estaban prestando atención a otro comediante de vanguardia. Así fue como descubrí a Richard Pryor, la próxima gran influencia de mi vida.

Recuerdo la primera vez que lo vi en ON-TV, un servicio de cable de los setenta en el Sur de California, ofreciendo su presentación en Long Beach *(Richard Pryor Live! in Concert)*. Fue, sencillamente, una de esas experiencias que te cambia la vida; un salvavidas en un mar de duda y vacío personal, una boya luminosa desde la primera escena: Pryor, saliendo de una limusina, con una libreta de notas en la mano, subiendo a zancadas las escaleras del Terrace Theatre, luego un rápido corte al escenario para ver a este genio del sarcasmo vestido con una camisa de seda roja, pantalones negros y zapatos plateados. Como me sucedió con Freddie, aquello era algo que yo nunca había visto hasta entonces. Pryor es negro, pero yo no lo oía negro. Fue una total revelación, cruda y real, tanto dolor acumulado y, sin embargo, tanta maldita humanidad. Y cómico como ninguno.

Así que cuando descubrí que Freddie adoraba a Richard y que Ron era también su representante, encontré un nuevo héroe.

Hice que Ernie me pasara una copia de *Live! in Concert* en su videocasetera y yo veía a Richard todo el día, todos los días. Se convirtió, de hecho, en el fondo musical de mi vida.

Tiempo después, vi sus películas *Car Wash, Silver Streak* y *Which Way Is Up?* Compré sus libros y sus discos. Llegué hasta a pasar con el auto frente a su casa, con la esperanza de echarle un vistazo a su Rolls-Royce amarillo canario saliendo del garaje.

Así fue que, inspirado por Pryor, escribí aquellas primeras palabras en ese pedazo de papel. Acerca de impactar a los americanos como si fuera un martillo. Acerca de ser el mejor. Porque, sabes, dos meses antes yo había tenido mi "primera experiencia" más importante.

Cuatro de junio de 1979. El Comedy Store Annex. Westwood California.

Lunes por la noche, noche de Micrófono Abierto, en esta pe-

queña ratonera que Ernie y yo habíamos explorado durante semanas. El tipo de lugar donde meten tu nombre en un sombrero y los diez primeros nombres que sacan pueden actuar a partir de las ocho. (A eso de las diez los comediantes habituales llegaban para ensayar su nuevo material, tipos como Howie Mandel, Bob Saget y Gary Shandling.)

Ernie había estado casi viviendo en mi casa, ayudándome a escribir el material. Cuando el gran día por fin llegó, nos aparecemos a las cinco y media de la tarde, dos horas y media antes de que comience el "sorteo", y estoy cagándome de miedo, consciente de que, a menos que llegara una orden del gobernador para suspender la ejecución, yo no tenía poder alguno para impedir el hecho de que iba a subir a escena. Para calmar los nervios… Ernie y yo hicimos lo que hace cualquier adolescente americano con sangre en las venas, pero sin edad legal para beber, cuando está cagándose de miedo: corrimos hasta el Westwood Ho e hicimos que un tipo nos comprara una botella de Boone's Farm, ese relajante que sirve para todo.

Un par de horas más tarde, ligeramente mareado y completamente petrificado, me subo al escenario, frente a unas cuarenta y cinco personas.

Y lo hago realmente mal.

Lo que sale son sólo cosas degradantes, horribles, acentos mexicanos y falsos, cosas de los años setenta, sin sentido de familia ni nada. Caigo tan bajo que hasta robo uno de los chistes de Freddie que habla sobre correr con un televisor a cuestas.

Después de tres minutos de hablar —como un subastador que tomó un narcótico que lo aceleró—, finalmente me detengo para tomar aliento. Ésa fue la única risa que obtuve, y al final, cuando por fin terminé. La gente pensó que había sido gracioso. Tal vez lo fui.

Basados en esa "actuación", Ernie y yo decidimos "escribir" el acto, lo que eventualmente condujo al Verdadero. La tercera vez, otro lunes por la noche en el Annex, justo después de mi graduación. Sólo que en esta ocasión, cuando me presento, el sitio está repleto. Esperamos. Y esperamos. Y esperamos. Hasta las diez y diez —la hora

exacta—, cuando Joe Gaynor sale y pronuncia las cuatro palabras más escalofriantes que había oído en mi vida: "Tú eres el próximo".

¿El próximo? Miré el reloj. ¡*El próximo!* Lo siento, señor, usted debe haberse equivocado, señor.

¿Por qué me va a tocar a mí ahora? Pero sí me toca, después de un tipo llamado Billy Brown. Era un hombre blanco cuyo chiste principal era sobre cómo los mexicanos tienen los pies pequeños y por eso es que caminan raro. Me volví hacia Ernie y le dije:

—Voy a probar algo.

Subí a escena y abrí con:

—El tipo que vino antes de mí, hizo un chiste acerca de los pies pequeños de los mexicanos. ¡Ahora él piensa de otro modo, después que le metí este por el culo!

Recibí las mayores carcajadas de la noche. Funcionó… todo funcionó.

El público se está riendo, realmente *riendo,* a veces con tanta fuerza que yo tenía que *esperar* entre chiste y chiste para que pudieran respirar. Luego, afuera del club, todo el mundo me está felicitando. "¡Increíble!" "¡Tiene que conocer a la señora de la Comedy Store!" "¿Dónde te presentas de nuevo?" Y por segunda vez en mi vida *me siento vivo.* La primera fue solamente quince minutos antes, sobre ese escenario.

¿Y sabes qué fue lo mejor de todo? Ernie grabó el *show.* Lo grabó, hombre, en una grabadorcita Realistic de Radio Shack, y yo y Ernie corriendo arriba y abajo por Westwood Boulevard como un par de perros recién soltados de la perrera municipal. Lo hice. Y se rieron. *Se rieron.*

Sin aliento, por fin nos desplomamos en la entrada de un edificio de consultas médicas y escuchamos la cinta.

Esa primera vez fue como una transfusión de sangre. Creo que nunca habrá un estado de euforia tan grande como ese primer beso de la comedia —la inyección de amor, de atención, de aceptación y de espíritu flotando hacia mi cuerpo, llevándose en su corriente a mi irresponsable padre, a mi madre, a mi vida en Hager, junto con el Sr. Shaffer— tú, con tu pelo colorado y tu cerquillo, donde quiera que te encuentres, y todos esos otros que dudaban de mí y me dijeron que no sirvo para nada.

Que soy un Don Nadie.

A la chingada con todos ellos. Dale a la gente con un martillo. Sé el mejor.

Sé Alguien.

ARRANCADAS EN FALSO

¿**P**or qué?

¿Qué puede llevar a una persona a la Comedy Store los lunes por la noche, o a una sombría librería del centro de la ciudad para participar en la Noche del Micrófono Abierto? ¿Por qué exponerte a la agonía de un chiste fracasado? ¿Por qué tratar de aprender un arte que nadie puede enseñar?

Las respuestas son fáciles ahora, sobre todo cuando estoy frente a 7,500 personas que me adoran. Pero en otra época, el camino hacia el llamado estrellato demostró ser enrevesado y nada acogedor.

La mayoría de las veces me comprometía a presentarme en una noche de micrófono abierto y terminaba yéndome. Si mi acto debía empezar, digamos, a las nueve y veinte, mientras más se acercaban las nueve, más cerca estaba yo de escaparme por la puerta trasera.

—No puedo hacerlo, hombre —le decía a Ernie, quien siempre estaba a mi lado—. Es que no puedo hacerlo.

—Okey, entonces nos vamos —me decía.

Creo que me acobardé la mitad de las veces durante esos primeros meses después que acabé el instituto. Una vez en el Improv, hasta actué bajo el nombre falso de E. A. Arlen. E. A. de Ernie Arellano y Arlen de la versión inglesa de su apellido.

—E. A. Arlen —dijo un tipo llamado Howard cuando sacó mi "nombre" de un sombrero.

Bueno, si cago esto, por lo menos le puedo echar la culpa a E.A.

Así que subí y actué —mal, estoy seguro—, aunque recuerdo a un hombre que gritó desde el fondo, "Muy bien, E.A." cuando me iba del escenario. Fue la única vez que actué con un nombre falso.

Después de humillarme a mí mismo en esta y otras ocasiones, abandoné la comedia por completo desde el 9 de marzo de 1980 hasta el 14 de marzo de 1982. Durante ese doloroso período de dos años vi cómo Paul Rodríguez se abría paso a martillazos en la conciencia del público americano, mientras que yo andaba a la deriva, compadeciéndome de mí mismo, sin comprometerme con nada ni con nadie, de fiesta en fiesta, jugando muchísimo *softball* con el equipo local, asistiendo a los conciertos de Ted Nugent a la menor provocación, incapaz de ver ni siquiera a los cómicos del área. Sencillamente, era demasiado doloroso.

Básicamente, yo y Ernie matábamos el tiempo. Un día, cuando teníamos diecinueve años, le pedimos prestado a su hermano su Chevy Impala rojo del 1967 para ir a una tienda de discos. Yo pensé que Ernie iba a comprar, y él pensó que yo iba a comprar, pero ninguno de los dos teníamos dinero. Así que inventamos un plan: Ernie iba a robarse algunos casetes, mientras que yo iba a estacionarme a la vuelta de la esquina en el carro de su hermano, con la puerta del pasajero abierta para que Ernie se metiera. Así que ahí estaba yo, tras el volante, cuando Ernie dobla la esquina a toda máquina, con los brazos repletos de casetes, pero yo no podía arrancar el carro. El empleado lo está siguiendo de cerca y yo estoy haciendo todo lo posible por arrancar el carro para escaparnos, y Ernie me pasa corriendo por el lado, mira hacia atrás, suelta los casetes y sigue corriendo.

Mi primer encuentro desdichado con una serie de empleos sin futuro sucedió en la Wilshire Book Company, propiedad de un tipo llamado Melvin Powers, que también la administraba. Algunos de ustedes tal vez reconozcan el nombre, ya que uno de los dueños de la fábrica de piezas para aviones de mi programa se llama Mel Powers. Hago eso con frecuencia: traigo mi pasado personal a mi presente de ficción. Es un modo de mantenerlo vivo. Para que me recuerde lo que soy y por lo que he pasado. (Para aquéllos que buscan más ejemplos para impresionar a amigos y cantineros, mi mejor amigo en el programa se llama Ernie, y la verdadera fachada de nuestra casa de la televisión está a sólo unas cuadras de mi casa en Hager. De verdad.)

En la vida real, Mel Powers se especializaba en libros y cintas de audio de autoayuda, como *Piensa y hazte rico* y *Cómo ganar en el blackjack.* No era precisamente el tipo de literatura que se gana el premio Nóbel. Mi error fue considerar mi trabajo como un trabajo: cada mañana, me vestía debidamente, tomaba los pedidos, llenaba las cajas y las enviaba a todos los rincones del mundo con el entusiasmo digno de un misionero. Todo eso estaba muy bien, hasta que un día uno de los que trabajaba en envíos, me dijo algo como:

—*Hey,* ese, ¿qué carajo estás haciendo? Si vienes a la una también puedes terminar todo lo que tienes que hacer.

Bueno, eso era todo lo que necesitaba que me dijeran, sobre todo a $2.35 la hora.

Así que empecé a llegar tarde y no pasó nada, hasta que un día Mel llegó con unos hombres de negocio asiáticos y, haciéndose el Jefazo, me dice:

—¿Cómo anda todo, George?

Y yo le respondí con el mismo tono:

—Muy bien, Melvin.

Bueno, la expresión burlona de su rostro me hizo saber que quizás lo de *Melvin* fue un error. Por supuesto, esa misma tarde me despidieron.

Entonces pasé por una serie de empleos que me consiguió Benny, a quien, como de costumbre, la motivaba una absoluta autoprotección. Sin duda no quería que yo estuviera holgazaneando en la casa todo el día, mirando *Live! in Concert* por milésima vez, y aprovechándome de su comida y su casa. Pero primero me obligó a matricularme en un curso en la Escuela de Oficios de Los Angeles, en Woodland Hills.

—Mira, el futuro está en la electrónica.

Tal vez, pero esta clase estaba todavía en los años cincuenta. El

maestro era Mr. Holtz, un viejo cascarrabias, y en realidad se trataba de un curso básico de reparación de televisores, lleno de gente *realmente* turulata. Imagínense el equivalente educativo del centro de minusválidos de donde mi mamá sacaba sus novios, y dan en el clavo. (Lo mismo sucedió en la clase de computadoras. Otra brillante idea de ya sabes quién. Ese juego fue de 1 a 1. El primero y el último).

Estaba estudiando en la escuela de oficios cuando un día un policía local mató a mi amigo Kenny Ramírez justo frente a su casa. No llevaba arma. El *Daily News* de Los Angeles publicó en primera página un artículo sobre el incidente, y al día siguiente Mr. Holtz mostró un ejemplar del periódico antes de hacer un comentario que me puso un cohete en el culo.

—Miren —nos dijo—, éste es el tipo de muchachos que reciben lo que se merecen.

¿Qué reciben lo que se merecen? A aquellos de ustedes que están llevando la cuenta en casa, les digo que puedo contar el número de veces que me he enfrentado a alguien para decir claramente lo que pienso agitando el dedo índice, aquella vez en que el mesero molestó a mi abuelo en un restaurante. Éste fue el incidente número dos, y en esta ocasión usé el dedo del medio.

—*Hey* —le dije—. Ese *muchacho* del que usted habla era amigo mío.

—Bueno, aquí dice —respondió Holtz, apuntando él también con su dedo— que tuvo un hijo sin estar casado y que ahora se iba a casar.

—¿Y qué carajo tiene eso que ver con que lo hayan baleado?

Así que borré a Mr. Holtz, pendejo, y me fui a trabajar por las noches en Tandem Magnetics haciendo discos flexibles para las computadoras. Tandem era una especie de Nueva Delhi en California, dirigida por un indio que estaba contratando a cualquiera que estuviera vivo. Pronto se cansaron de mí y me fui —una vez más gracias a Benny— a Sperry Aviation. Era un trabajo puramente mecánico, de noche, solo en una habitación. Mi empleo consistía en colocar una pi-

zarra de circuito tras otra en una máquina de ensayo Fairchild 2000, conectarlas, chequear las conexiones e imprimir un informe. *Hay que reemplazar la resistencia C-4.* Luego tomar ese breve informe y pegarlo en la pizarra antes de enviarlo a las finas damas que hacían los arreglos.

Cumplí veintiuno en ese sitio capaz de entumecerte el cerebro, día tras día probando las pizarras. Por fin, en marzo de 1982 comencé a darme cuenta de algo: *Quiero ser comediante y trabajo de noche.*

Entonces fui a ver a mi jefe y le dije la verdad.

—Necesito que me ayude—le dije.

Me imagino que en algún momento de su vida George Martin quiso ser músico y nunca trató de hacer realidad su sueño. Me comprendió. Inmediatamente me trasladó para trabajar de día en el área trasera, donde se instala el realambrado. Lo único malo de eso era que el personal de allí parecía sacado directamente de *La guerra de las galaxias.*

Había un ruso que se gastaba todo el dinero en salones de masaje y le encantaba contárnoslo. En una ocasión hasta llevó allí un cinta de audio metida en una bolsa de papel, y cuando regresó nos puso la cinta, podíamos oír el crujido de la bolsa de papel, la masajista asiática, el arreglo que hicieron, todo. El ruso no cabía en sí de lo orgulloso que se sentía de su aventurita. Cuando estaba a punto de llegar al clímax, todo lo que escuchamos fue:

—¡Tigre! ¡Tigre! ¡Tigre!

¿Tigre?

Según nos contó, en la pared había una foto de un tigre y al ruso no se le ocurrió otra cosa que gritar eso. Adivinen cómo lo llamamos de allí en adelante.

También estaban Chuck, un tipo que lucía como George Gobel, y Ted, quien sólo hablaba de su mujer y preguntaba acerca de inversiones. Y finalmente estaba Mary Graham.

Yo adoraba a Mary. Podía haber sido la primera jugadora de la Liga Nacional de Básquet Femenino, alta y con los dedos de los pies doblados hacia dentro; hablaba muuuy despacio, y siempre empe-

zaba con "Digo que", sobre todo cuando regañaba
a Ted:

—Digo que la única razón por la que hablas
tanto de tu mujer es porque es el único *pussy*[1] que vas
a conseguir en tu vida.

Yo me sentaba con Mary y le hablaba durante
horas, y le contaba lo que quería hacer con mi vida.

Me encontré la libreta de taquigrafía que yo usaba en aquel entonces.
La fecha —1 de marzo de 1982—, anotada claramente en la esquina
superior derecha de la cubierta, y cerca de ella las desesperadas palabras empapadas en tinta negra: *¡EL REGRESO!*

En el interior de la cubierta, escribí *La primera vez desde el 9 de
marzo de 1980,* y las dieciséis páginas siguientes narran la historia de
un joven con la misión de triunfar o fracasar. Hay bocetos de chistes
incompletos, fechas, tiempos anotados hasta los segundos (5:40). Re-
visiones detalladas de presentaciones importantes en clubes *(Improvi-
sation, 14 de marzo, 9:55 p.m. Muy buen público).*

Había abandonado la tierra de los Nadies y durante seis meses
seguidos traté de romper esa barrera cultural entre los chicanos y
quienes nos ven como poco más que lavaplatos y sirvientas de hotel.
A ellos les digo, miren a su alrededor, mendijos, y empiecen con el artículo de portada de *Sports Illustrated* del 5 de mayo de 2003, donde
mencionan las 101 Personas de Grupos Minoritarios Más Influyentes
en los Deportes.

Échenle un vistazo al número 5, el Señor Arturo Moreno. Y
cito: "Inesperadamente, este hombre de negocios de Phoenix saltó
casi al principio de nuestra lista el mes pasado cuando compró el
equipo campeón mundial Angels [de Anaheim] por \$180 millones, lo
que lo convirtió en el primer latino que es dueño mayoritario en el

---

1. *Pussy*—Término popular en inglés para denominar el órgano sexual femenino.

mundo de los deportes. Moreno, quien ganó sus miles de millones en el negocio de la publicidad al aire libre, se sintió atraído en parte por la fanaticada latina, potencialmente lucrativa, de Anaheim".

De la misma forma en que yo lo hice en marzo de 1982, los latinos están ahora *dándole gas,* decididos a obtener lo que desean, en cada rincón de este país: en la comida, el arte, la música, las ciencias y mucho más. Desde Moreno hasta J.Lo, Eva Mendes, Jimmy Rodríguez, Angie Martínez, Cristina y Thalía, por todo el continente, *baby,* estamos en todo.

Y eso es sólo ahora, puto…

Pero me estoy alejando del tema.

Si bien las rutinas de la libreta se concentraban en temas culturales asequibles, como "recuerden El Álamo" ("¿Cómo me voy a olvidar? No me pude sentar en una semana."), las palabras en sí mismas significaban poco. Por el contrario, lo que cuenta son todas las fechas: 4 de marzo, 12, 13, 19, 20, 21 y 27. Por primera vez en mi vida, después de tantas arrancadas en falso, estaba realmente *esforzándome* en convertirme en comediante. Y poco a poco las palabras y las imágenes empezaron a ocupar el lugar que les correspondía. Como la historia titulada "Una fiesta para estrenar la casa", escrita y revisada y pulida desde marzo hasta septiembre de 1982.

De verdad que me siento orgulloso del hecho de que seamos la primera familia mexicana que se muda para Mission Hills.

Y cuando nuestros vecinos se enteraron:

—*Hey,* así que vienen para acá… *good,* porque les vamos a dar una fiesta para darle calorcito a la casa nueva

Entonces cuando los vecinos se enteraron, *hey,* ¿no les importa que les demos una fiestecita para calentar la casa nueva?

Nos sorprendimos

Nos sorprendimos *realmente,* porque los bomberos se demoraron más de cinco horas para apagar nuestra *casa*

— Permanecí en Sperry durante tres años, hasta que la compañía se mudó para Arizona y me quedé sin empleo, lo cual condujo a un interesante período de dos años, cuando yo tenía veintipico de años, en un lugar llamado Teledyne, en Northbridge. De día, trabajaba como ensamblador de equipo de computadoras, antes de que me ascendieran a mandadero, buscando piezas, buscando firmas, todo por la abundante cantidad de ocho dólares la hora, mientras escribía y actuaba (y me divertía) por la noche. Fue aquí, en Teledyne, donde comencé una terrible relación con una mujer trece años mayor que yo.

—Mira, si no quieres estar conmigo, no más dímelo ya —me dijo.

Yo no quería, pero no podía decírselo. Sencillamente, no podía.

Pero lo que hago es tratar de irme de su casa y ella está, literalmente, agarrándome por el tobillo y yo la estoy *arrastrando* hacia la puerta.

Pero no puedo decir no. Porque yo no podía decir que no a nada. Bebía demasiado. Ayudaba a gente a la que apenas conocía a mudarse de un lado a otro. ¿Por qué? Porque —¿dónde está de nuevo ese coro chicano?— *temía que no le iba a caer bien a la gente.*

Y así, sigo andando, pero con el tanque vacío. Y comienzo a tomar pastillas para mantenerme despierto. Nada serio, sólo algunas pastillas para darme un poco más de ánimo. Todo está bien hasta un día en que, de improviso, un compañero de trabajo viene y me pregunta si le puedo conseguir uno de lo mismo que yo estoy tomando.

—Claro —le digo. Después de todo, soy Mr. Jefazo, Mr. No Puedo Decir No—. ¿Cuántos más quieres?

—*Como mil.*

—Está bien —le digo—. Déjame hablar con el hombre que me las consigue.

Como si yo tuviera un hombre que me las consigue.

De ahí en adelante, cada vez que lo veo, *este hombre* me acosa.

—¿Cuándo voy a tener el pomo, *bro*? Vamos, *bro*. ¿Dónde está la cosa?

—Estoy hablando con mi hombre, ya viene.

Nunca le digo que no hay *hombre*. Que la cosa *nunca* va a venir.

Entretanto, un compañero de trabajo que, casualmente, usa mi oficina y mi teléfono en el turno de la noche, está vendiendo cocaína justo debajo de mis narices. Creo que ustedes saben a dónde se encamina esto: el teléfono está interceptado. El tipo que me está acosando con que le consiga drogas no es un compañero de trabajo. Es un policía encubierto. Así que cuando se forma la cagazón y me detienen, es como si se repitiera el episodio del instituto, pero esta vez en versión adulta.

—¿Sabías que Steve estaba vendiendo cocaína por la noche? —el compañero policía me preguntó.

Absolutamente no.

—¿Estás seguro?

—Yo trabajo por el día, hombre. Yo no sé que carajo pasa por la noche.

Entonces el policía agarra una carpeta y saca una transcripción del tamaño del número de septiembre de *Vanity Fair* y dice:

—El cuatro de noviembre, a las tres y media, ¿discutió usted…

—Si lo dice ahí, debe ser cierto.

Así que me despiden otra vez —lo peor que podían hacer dado que yo no hice nada—, pero no antes de que la gente de la oficina empiece con "por eso estaba tan contento… " y "no en balde era tan cómico". No se lo podía decir a mi abuela. De ninguna manera. Así que durante semanas me levantaba diariamente, me vestía y aparentaba que me iba a trabajar. Hasta que un día alguien llama para preguntar qué era lo que yo estaba tomando.

—¿Qué quiere decir? —contesta mi abuela—. El no toma drogas. Está trabajando.

—No, Sra. Gutiérrez, en realidad él ya no trabaja aquí.

Uh-oh.

Pero debo decir esto: a pesar de todo lo que me hizo cuando era niño, ella me protegió cuando más la necesité. Nunca le contó a mi

abuelo lo de las drogas, pero cuando él se enteró que me habían despedido, me botó de la casa. Hasta me pidió la llave.

—Usted ya no vive aquí —me dijo—. Ahora, cuando venga, toque.

¡La chingada! No sé ustedes, pero en una familia mexicana eso es como quedar excomulgado. No puedes ver televisión. No puedes comer la comida. No puedes usar las pesas del patio. No puedes traer una mujer a casa. Y ése era yo. Sin dinero. Durmiendo en el sofá de mi amigo Arnold. Tratando todavía de librarme de esa vieja loca.

Fue sólo después de eso, después de que las cosas no se pudieran poner peor, que por fin comencé a dedicarme totalmente a la comedia.

Y por primera vez en mi vida, eso era algo que yo no iba a dejar a medias.

LÍDER DEL EQUIPO

Cuando tenía dieciocho años me fui a trabajar en un Fedco en Van Nuys. Y me hicieron Líder del Equipo. Le dieron a un chicano un chaleco que decía "Líder del Equipo", y me imaginé que yo era, digamos, Erik Estrada. Me paraba en mi área, con las manos en la cintura, mirando fijamente a la distancia, protector de todos los productos para el cuidado de vehículos, hasta que alguien venía y me preguntaba cómo regresar a la entrada de la tienda, y entonces yo comenzaba de nuevo:

—Sí, yo lo puedo ayudar, soy el Líder del Equipo…

Naturalmente, eso me hizo sentirme bien respecto a mí mismo, hasta el día en que mi abuela encontró mi chaleco mientras yo estaba durmiendo.

—Hey, bello durmiente. ¿Qué hace esto, que es esto, este chaleco que me encontré? Líder del Equipo, ¿qué es esto?

—Eso quiere decir… que soy el líder del equipo.

—¿Qué? No te oigo, no te oigo, ¿qué?

—¡Soy el LÍDER DEL EQUIPO!

—Eh, baja la voz. Oh, así que eres el Líder del Equipo. ¿Y los calzoncillos que encontré debajo de tu cama? ¿Por qué lloras? ¿Quieres verlos? Ven conmigo, vamos.

Todas las madres mexicanas tenían un balde con agua y

Clorox, para la ropa cagada. Y un palo. Entonces empezó a revolver:

—Mira esto, cabrón. Mira esto. ¡Míralos! Dos días, tienen caca. Mira eso. Parece que te sentaste encima de Almond Joy, cochino. Mira eso, Líder del Equipo. ¿Por qué lloras? ¿Porque me encontré los calzoncillos? ¡Ellos me encontraron a mí! ¡Debería ser yo quien llora! ¡Mira eso! ¡No les entra ni el Shout que les puse! Tuve que sacarlo para afuera con una escoba.

No, pero si eres el Líder del Equipo, hombre. ¿De qué equipo? ¿Del Equipo de la Caca? ¡Sigan al de la mancha marrón! ¡Mira, vamos, equipo!

COMPROMISO

OTRAS VOCES—ERNIE ARELLANO

Durante esos primeros cinco años fui prácticamente a todos los shows. *Yo ayudaba a crear las transiciones, anotaba el material improvisado que le gustaba al público y medía la efectividad de los chistes de George. Él grababa todos los* shows. *Una vez estuve a cargo de la grabadora, pero cuando tratamos de escuchar la grabación, todo lo que podía oírse era el golpeteo del hielo en mi vaso, y a mí mascando hielo durante toda la presentación.*

Después de unas cuantas interrupciones sin importancia, la última vez que trabajé para ganarme la vida fue durante un período de tres años en la planta ITT de Van Nuys, a partir de 1984. Mi jefe era un tipo amable de procedencia campesina, con el dulzón nombre campesino de Bob Bonner. No pasó mucho tiempo antes de que el bueno de Bob se diera cuenta de que mi mente estaba puesta en algo muy distinto del espacio aéreo.

—No puedo permitir que te paguen —me dijo un día con su meloso acento sureño—. Pero si quieres dejar el trabajo, puedes irte a probar fortuna y si regresas te doy empleo.

Así que eso fue exactamente lo que hice. Salí de viaje por pri-

mera vez en abril de 1986, y pronto descubrí lo difí-
cil que es esa vida. Desde el principio me estimuló
tanto ganarme la vida —o mejor, una vida a medias—
contando chistes que apenas me daba cuenta de las
cosas malas. Sin duda que había señales evidentes:
los condos que parecían salidos del programa *Spring
Break* de MTV, y los clubes de comedia que olían a orine. Pero en ese
entonces la perspectiva de actuar durante dos semanas en Houston o
en Tempe me parecían un sueño. La gente apenas se reía conmigo,
pero al menos yo les gustaba. La gente *quería* reírse; pero yo aún no les
había dado una razón para hacerlo. Yo era una especie de novedad: un
chicano haciendo un monólogo de comedia en un club, la versión de
liga menor de Paul Rodríguez, también conocido como Pablo, quien
un par de años antes se había hecho un nombre en la televisión. Ahora
yo estaba bajo su gran sombra morena, lo que, por el momento, era un
buen sitio donde estar.

Ese año actué exactamente dos semanas, viajando a Houston en
dos ocasiones y grabando cada *show.* Escribiendo cada momento que
me quedaba libre, puliendo mi actuación. Esforzándome para cuando
llegara el día en que pudiera dejar para siempre la "industria" del espacio aéreo. Ese día llegó finalmente, el 17 de julio de 1987, cuando,
con $210 en mi bolsillo y el culo apretado, le dije al dulce campesi-
note de Bob Bonner que había terminado con ITT. Estaba listo para
trabajar únicamente como comediante.

Pasé otro año actuando en clubes pequeños y lidiando con mez-
quinos dueños de clubes antes de firmar un contrato con un par de
tramposos agentes que daban vueltas por esos sitios; eventualmente
los dejé, y en febrero de 1989 tenía unos agentes nuevos y las primeras verdaderas señales de esperanza. El *Arsenio Hall Show* había comenzado el mes anterior con un éxito inmediato, y una noche,
mientras yo esperaba mi turno para salir a actuar en el Improv, en
Melrose, Arsenio se apareció allí, junto con su productor y su director,
en busca de comediantes. Yo estaba recostado contra la pared cuando
entró y me pasó por el lado sin notarme, una actitud que cambió
cuando subí a escena y me la agarré con Linda Ronstadt y el emblema

que Sinéd O'Connor se había grabado a un lado de la cabeza. Arsenio vino directamente a mí después y dijo, agitando un dedo delante de mi cara:

—Voy a presentarte en mi programa —y lo hizo.

Fue un par de meses después, exactamente en mayo, cuando conocí a una mujer bastante interesante, Ann Serrano, en The Ice House. Al principio, no hubo chispazos —sólo una conversación interesante y humanitaria acerca de la ausencia de latinos en la televisión y en el cine—, una conversación que continuamos cuando ella me pidió que yo fuera el último de los actos de comedia en una función benéfica que ella estaba organizando con el Latino Theatre Lab.

Otras voces—Ann (Serrano) López

Pertenecer a una primera generación de cubanoamericanos ha modelado mi perspectiva de la vida. Mi mamá, mi papá, mi hermana y mi abuela llegaron de Cuba con dos maletas y $800. Ni siquiera trajeron ropa en las maletas… sólo fotos. Dejaron su país con sus anillos matrimoniales; todo lo demás, incluidas las joyas, quedó atrás. Tanto mi madre como mi padre eran médicos, así que antes de llegar a este país enviaron trescientas cartas a hospitales en las que solicitaban empleo. Un hospital les respondió: Cook County Hospital, en Hartford, Connecticut, donde yo nací. Trabajar duro es el mantra cubano. Ésa fue la base de mi crianza.

Yo era asistente de selección de reparto de Dan Guerrero, y Disney nos contrató para que realizáramos una búsqueda nacional de comediantes latinos. Todos los comediantes eran horribles, y fue entonces cuando recibimos el vídeo de George. Luego, al verlo en escena, descubrí su pureza, su honestidad. Su actuación se presentaba entre las de otros actos de monólogos cómicos, pero él estaba en camino de convertirse en una atracción principal. No se había pu-

GEORGE LÓPEZ

94

lido por completo, pero su monólogo se destacaba por su perspicacia, su falta de malicia. Tocaba importantes temas raciales, pero sin ser desafiante. O al menos eso era lo que yo pensaba. Después descubrí que en él sí había un enorme desafío.

Es curioso, porque en esta época George glorificaba su infancia; hablaba de su abuela como si fuera la mejor del mundo. Así que cuando comenzamos a salir, creí —como mi abuela había muerto recientemente— que Dios me había mandado otra abuela. Pero cuando la conocí, pensé: "Ay, Dios mío, ¿qué es esto?" Yo no sabía que una mujer latina pudiera ser tan negativa.

Yo vi en George una vulnerabilidad enorme, que los demás no veían. Había algo, no puedo precisarlo exactamente. Había un deseo de mejorar. Un impulso. A mí me habían criado con ese mismo deseo. Esforzarse por mejorar.

Yo *estaba* mejorando. Ya estaba ganando unos dos mil dólares por semana y por primera vez en mi vida me ofrecieron un papel en una película, la cinta Ski Patrol, que ha logrado crear una ardorosa fanaticada. Empecé bien como comediante, pero mi carrera no continuó desarrollándose en grande. No hice nada más en el cine luego de Ski Patrol. Sólo hubo un descenso lento y largo, si no al fondo del pozo, por lo menos hasta ese turbio medio camino entre el hambre y el estrellato que me dejó desgarrado.

Todavía lograba buenas presentaciones —Sunday Comics, Comic Strip Live, Evening at the Improv, cuyo anfitrión era el soñoliento Mr. T—, pero apenas me conocían más allá del Sur de California. Ni siquiera quince actuaciones en el popularísimo programa de Arsenio Hall hicieron que sonara el teléfono; podía tener una presentación perfecta, pero *nadie* llamaba, o al menos *nadie* que me llevara al nivel de mis héroes, que me ofreciera el dulce éxito de mis sueños.

Fue una época compleja y confusa. A principios de 1990 y

durante los tres años siguientes pasé rápidamente por una interesante serie de representantes —Harvey "Broadway Danny Rose" Elkins, George Shapiro y Howard West (los representantes de Seinfeld), Michael Green, de Geffen—, cada "nombre" más importante que el siguiente, pero sin resultados. La mayor parte de mi desdicha se debía al hecho de… que no consentía ni siquiera en hacer pruebas para los papeles estereotípicos que ahora me estaban ofreciendo: el narcotraficante chicano, el proxeneta chicano, el jefe pandillero chicano; no hubo papel que no me ofrecieran, todos al estilo chicano. En una ocasión mis agentes me trajeron un guión en el que había un jefe pandillero con "un corazón de oro", pero yo pensé que, aún así, seguía siendo un pandillero, y me negué a hacerlo. De tonto que era, yo quería triunfar sin apoyarme en lo latino. Quería ser alguien especial. El único papel que conseguí fue el de detective en la película *Fatal Instinct,* en 1993, un título[1] que deberían poner en mi lápida fúnebre, ya que mi negativa a hacer papeles genéricos de latino me costó que mis agentes me dejaran; luego de una negativa tras otra de mi parte, me dijeron que lo sentían y se fueron. Lo cual habría estado bien si no hubiera sido porque yo acababa de enviar por correo cien fotos mías, mencionándolos a ellos como mis representantes. Debería haberme pegado un tiro.

¿Por qué no? De todos modos, a principios de los noventa yo estaba acabado. Sin agente, sin representante. Me dio por ver *Rocky.* Carajo, si yo era Rocky. Nadie me quería. Excepto Ann, por supuesto.

OTRAS VOCES—ANN LÓPEZ

Los primeros años de los noventa fueron los años de Arsenio. Su programa era el sitio ideal donde presentarse en Hollywood. Madonna, Tom Cruise, Bill Clinton, todos los raperos conocidos, Mike

---

1. *Fatal Instinct*—En español, *Instinto fatal.* (N. del T.)

Tyson, Prince... todos pasaban por su escenario. Era
el show imprescindible.

Se podía sentir la electricidad en el ambiente
desde el momento en que llegabas al set 29 de Paramount. El cuarto de los invitados era el lugar para
ver y para que te vieran. George se presentó más
que cualquier otro comediante. Arsenio y Joe Dulce, el coordinador
principal de invitados, llegaron a confiar en George como el hombre
que siempre iba a resultar cómico. Si tenían un show controver-
sial —como cuando Ice T explicó la letra de su canción "Cop
Killer"—, llamaban a George. Si un invitado cancelaba a última
hora, llamaban para ver si George estaba en la ciudad. Si necesi-
taban un segmento cómico grabado entre bastidores, llamaban a
George.

La comedia reinaba y había una gran cantidad de programas
de comediantes en la televisión. George se presentó en todos, y con
frecuencia: Comic Strip Live, Sunday Comics, VH1 Comedy
Hour, Half Hour Comedy Hour de MTV, Evening at the
Improv, para sólo nombrar unos cuantos. También era la época de
los programas de entrevistas que comenzaban y desaparecían uno
tras otro: Suzanne Sommers, Rolanda, Tempest Bledsoe, etc. Todos
los coordinadores de artistas invitados conocían a George y lo
programaban en sus shows. Si se iban para un programa nuevo,
George era uno de los primeros invitados al que incluían.

Ya George y yo éramos socios de negocio, y también éramos
pareja. Era dolorosamente obvio que el manejo de la carrera de
George, hecho al estilo de los actos de variedades teatrales, había
llegado a ser ineficaz y embarazoso. Después de una amarga y
triste separación de su representante, Harvey Elkin, yo fui la representante y publicista de George. Comencé a enviar cartas y videos
a los representantes más importantes, a encargarme de su publicidad y a llamar a todos mis contactos y amigos entre los directores de
selección de reparto. Incluí a George en shows que mi socio y yo
estábamos produciendo. Se presentó como número de apertura para
Bob Hope y Joel Grey, y entretuvo al público de nuestro especial de

televisión para Fox *Ray Charles: 50 Years in Music. Yo era implacable. Estaba metida de lleno en todo lo que tuviera que ver con George López. Lo amaba, lo respetaba y quería que triunfara.*

Pero ésta fue también una época frustrante para mí. George era magnífico en estos shows*, pero el teléfono no sonaba. Estaba por dondequiera en la televisión y cada vez lo reconocían más, pero eso no se reflejaba en la cuenta bancaria. Estos programas pagaban un tarifa fija SAG o AFTRA que, en aquel entonces, era de unos $600 ó $700, y los pagos residuales eran considerablemente inferiores.*

Yo solía decirle a George: "Si fueras blanco o negro, tendrías un show. *No saben qué hacer contigo. Mira lo que le pasó a Margaret Cho: trataron de convertirla en algo que ella no era". Creo que George resentía que lo compararan con Paul Rodríguez, que no era el tipo de comediante que George era o es. George es más del estilo de Dick Gregory o Bill Cosby, pero como él y Paul son latinos, George se convirtió en el "otro" comediante latino. Mucha gente era fiel a Paul. Y ahora era fiel a George y a Paul. Para algunos, esto significaba que sólo había lugar para uno de los dos. Sin embargo, hay lugar para veinte comediantes negros.*

Mi condición de inmigrante cubana me mantuvo positiva. Estaba acostumbrada a estar en una situación de desventaja. Le daba ánimos a George y lo aplaudía. Pero no tenía la menor idea de cuán hondas eran la depresión y el comportamiento autodestructivo de George. Él caía cada vez más y más profundamente en un hoyo oscuro, y el amor de una cheerleader[2] *cubana competidora y agresiva no iba a sacarlo de allí.*

---

2. *Cheerleader*—La muchacha que anima a los asistentes durante un encuentro deportivo. (N. del T.)

Hasta el día de hoy, no estoy totalmente seguro de por qué Ann se quedó conmigo, considerando que yo no estaba interesado en una "relación" que fuera más allá de las necesidades básicas del hombre. Para mí, amor e intimidad eran palabras raras. Gracias a mi madre y a mi abuela, no estaba interesado en que me amaran ni en dar amor; no sabía en absoluto qué era sentirme cercano a una mujer, compartir con ella. Ni sabía cómo dar los primeros pasos en ese rumbo.

Por eso es que, en diciembre de 1992, después de unos dos años de estar saliendo conmigo y de vivir juntos durante un año, Ann se vio obligada a hablar.

—Adivina quién se casa.

—¿Quién?

—Nosotros.

—¿De verdad? ¿Cuándo?

—En septiembre.

—Está bien, avísame. Ahí estaré.

Y eso fue, básicamente, todo lo que dije. Okey. Lo que tú quieras, niña. Y ya que estás en eso, no te olvides de comprarte el anillo.

Ése es el tipo de hombre que yo era, el tipo de hoyo en que me encontraba.

El Hombre Más Rabioso y Deprimido del Mundo. Así es como yo mismo me decía.

En 1995, ese niñito que creció soñando convertirse en Alguien ya había desaparecido, y había sido reemplazado por un hombre que contaba chistes en salones medio vacíos. Había vuelto a ser un Don Nadie y creia nuevamente que jamás me sucedería nada especial.

A pesar de ganar un salario de seis cifras, pasaba trabajo para pagar las cuentas, esforzándome para que la rutina de los viajes no acabara conmigo. Sencillamente, se convierte en una mala costumbre. Alejado de tu mujer cada tres o cuatro días. De viaje todos los fines de semana. Con los dueños de los clubes tratando de darte la mala, mientras tratas de mantener la atención de gente que lo que quiere es beber, divertirse y olvidar. Si eres artista

musical, no tienes que preocuparte de mantener la atención de los demás, sólo tienes que sonar más alto que ellos. Pero en la comedia, el ruido distrae; te abruma la mente. Para empezar, casi siempre tu autoestima es tan baja que cualquier crítica o incapacidad para divertir te aplasta. Y yo me sentía encabronado y aplastado.

Quizás me veía bien con *jeans* y chaqueta durante una parte de mi acto, con un traje negro y camiseta en la otra parte, quizás mi voz era más profunda y arrogante, pero a fin de cuentas lo que estaba haciendo en 1995 era la misma basura de hacía tres años. La misma cagada de antes, parecida al aburrido menú de esos restaurantes de comida rápida estilo mexicano. Por supuesto, tenia momentos muy buenos —mi lenguaje corporal y mis expresiones faciales habían mejorado, y había una referencia de pasada a los temas anglos—, pero básicamente el contenido de mi acto no tenía nada original, ni había un intento de abrir el corazón y decir algo genuino. En general, era el acto más impersonal que podía imaginarse.

Estaba viajando a ciudades como Austin y San Antonio, escuchando lo buenos que eran todos los *otros* comediantes cuando iban allí. Entretanto, yo me quedo en el Residence Inn y me llevan de una a otra de esas pequeñitas estaciones mexicanas de radio el día antes del show, tratando desesperadamente de atraer público. Y sabía bien que cuando saliera al escenario más de tres cuartos de un teatro de 1,100 asientos estaría vacío.

Recuerdo que fui a Kansas City y le dije al tipo que se presentaba antes que yo, "Dios, si pudiera hacer nada más que mi maldito

acto". Pero no podía. Porque yo no tenía un *acto*. Yo tenía una idea en el fondo de mi mente, pero es que no confiaba en ella lo suficiente como para permitir que la gente, los extraños, llegaran a ella. Me era imposible abrirme en sitios como Kansas City o Indianapolis. Pensaba que a la gente les parecería doloroso o aburrido, o Dios no lo quiera, las dos cosas.

De hecho, mi peor experiencia se produjo en el *downtown* de Indianapolis, después del primero de tres *shows* un sábado en que lo hice tan mal que después salí afuera y pensé en irme a casa. Para empezar, el público de las siete era medio sordo, el lugar estaba tan tranquilo que yo podía oír las palabras que sonaban dentro de la cabeza de cada uno: *Este tipo no es cómico. Este tipo no es cómico…*

Juro que la situación llegó a tal punto que por primera vez en mi vida pegué notas con cinta adhesiva en el asiento de la banqueta. Y ni siquiera eso ayudó; estaba tan nervioso que no podía distinguir ni una sola palabra. Lo único que podía ver era un pretencioso reloj que marcaba cada segundo de mi mal llamada actuación. Veinticinco miserables minutos durante los que esperé que la manecilla del reloj llegara a las siete, y cada fregada vez que miraba estaba en las dos, mientras yo pensaba, *Mierda, ¿qué voy a hacer?*

Irme del pueblo, eso era. Regresar a California con el rabo entre las piernas y buscar un empleo de verdad. Pero no podía, sencillamente no podía, así que me quedé allí y fracasé en los tres *shows*, obligado a sufrir dos días más antes de enfrentarme otra vez al pelotón de fusilamiento la noche del martes. Lo único que hice ese domingo y ese lunes fue sentarme en el sombrío, pequeño y sucio cuarto de mi hotel y mirar la televisión y pensar: morí la semana pasada y voy a morir esta semana. La única vez que salí fue para comerme un McDonald's. Nunca en mi vida me sentí tan solo y solitario. Tan jodidamente triste que fui al teléfono público del vestíbulo y llamé a mi *abuela*.

Poco después de la experiencia en Indianapolis, un crítico de Orange County se sintió obligado a decir que mi *show* era "banal". "Banal" no es una palabra para comediantes. Recuerdo haber leído la reseña y preguntarme, "¿Es banal?" y la respuesta fue que sí. Pero para 1997 eso era exactamente en lo que yo me había convertido: en algo completamente común y corriente. Ganaba buen dinero, unos $13,000 por ocho o nueve presentaciones, pero viviendo una vida que había llegado a odiar: fiestando y bebiendo en el club después de la actuación, lejos de mi hogar por períodos de diez días. Era brutal, hombre, la alarma sonando a las cinco y media de la mañana, señalando otra semana en Chicago o en San Francisco o en Sacramento.

—¿Sabes lo que soy, Ann? —le dije un día—. Soy exactamente lo que nunca quise ser. Un comediante ambulante. Ganándome la vida lejos de casa.

—Pero no estamos pasando trabajo —me dijo.

—Ann, tengo que mandar el cabrón cheque a casa el lunes después del *show* del domingo por FedEx para que puedas depositarlo en el banco el martes. *¿No es eso pasar trabajo?*

Me estaba autodestruyendo. Ann no sabe hasta qué punto me estaba autodestruyendo. No sé realmente todo lo que enmascaraban el alcohol y esas noches angustiosas; me imagino que todo no era más que disgusto conmigo mismo. O con nosotros mismos, porque en realidad había dos Georges: el que subía a escena y a quien todos veían, y el que se escondía tras bastidores y quería ser reconocido, pero no lo era.

Hoy en día, Ann es tan importante para mí. Es la persona que se mantuvo fiel junto a mí a pesar de todo. Aún en los momentos más difíciles, nunca se rajó. Sé que todavía hay algunas cosas que la molestan, pero ya he pedido todas las disculpas que puedo pedir. Eso es lo que tiene Ann: fortalece mi debilidad con un amor y un compromiso incondicionales.

OTRAS VOCES—ANN LÓPEZ

Lo boté de la casa. Apretujé dentro de su Volvo todas sus cosas y lo envié para nuestro condo. Descubrí que durante los primeros seis años de nuestro matrimonio, él había estado viviendo una doble vida. Me sentí destrozada. Pero al observar nuestro matrimonio con más detenimiento, me di cuenta de que mi error estuvo en no hacerlo responsable a él por un montón de cosas, en no hacer que asumiera su responsabilidad. Debido a su infancia, yo lo perdonaba.

Cuando me enteré de que me había estado mintiendo durante tantos años, consideré seriamente el divorcio. Pero por nuestra hija, decidí probar la terapia. Nuestro terapista me hizo darme cuenta de que su comportamiento no estaba dirigido a mí. Sino hacia él mismo. George estaba verdaderamente tratando de destruirse. No creía que podía tener la vida que yo le ofrecía. No creía que alguien pudiera amarlo. No creía que él podía tener esa relación tan íntima con otro ser humano.

Tuve que salirme del asunto. Finalmente tuve que dejar que fuera él quien intentara sanarse y salvarse.

Al principio, yo no entendía por qué no funcionaba. Por qué él no había avanzado más. La culpa la tenían los demonios de su infancia. Pero cuando él por fin confrontó esos demonios a través de la terapia, fue cuando pudo triunfar. Cuando finalmente cambió su comportamiento, cuando finalmente se comprometió con su familia y con ser una persona mejor, de pronto las puertas comenzaron a abrirse.

Estoy tan orgullosa de George. Admiro increíblemente todo lo que ha logrado como hombre, como esposo, como padre y como artista. Mi corazón es suyo, para siempre.

Llegué a casa después de un viaje y me encontré toda mi ropa dentro del Volvo. Ella había llenado el auto y se había ido. Así que conduje hasta el condo que estábamos tratando de vender, cerca de Universal Studios, saqué mi ropa del auto, fui a Long's Drugs y compré un abridor de latas, una cacerola, unas latas de sopa y refresco de dieta. El sitio no tenia muebles, ni cable para el televisor, así que me compré un juego de televisor-videocasetera y veía las películas echado en el piso. Dormía en un camita con ruedas.

Nuestra relación siempre había girado alrededor de mí, luego tuvimos a Mayan y seguía siendo alrededor de mí. Pero cuando estaba viviendo en ese condo, donde no quedaba nada, excepto su cuna, desarmada en su habitación, comencé a pensar: aquí fue donde nos conocimos. Aquí fue donde nació nuestra bebé. Había allí tanta calma, estaba tan vacío, que tuve la oportunidad de pensar en lo que era realmente importante, en lo que me había estado perdiendo, en lo que la palabra "familia" realmente significaba. Me quedé en ese condo cerca de un mes, y cuando regresé a casa, era un hombre diferente.

No mucho después de eso, llegó el momento crucial de mi carrera, en Nueva York, lo cual no resulta extraño. Hacía unos años, había actuado durante cinco minutos cerca de la zona del puerto, pero me había ido muy mal; me había sentido intimidado por el ambiente, la ciudad, la mentalidad típica de Manhattan de "pruébame que eres bueno". Esta vez, la presentación fue en un sitio importante —Caroline's—, y más tarde un amigo de *Saturday Night Life*, el representante de Chris Rock, Dave Becky, pasó por mi camerino.

—¿Te importa si te hago una crítica? —me dijo.

—Adelante —le respondí.

—Bueno, me pareciste cómico, pero no hay nada en tu acto que me diga algo acerca de ti. De lo que te gusta, lo que no te gusta. Tienes que hacer lo que hacen los comediantes como Chris. Uno sabe lo que a él le gusta, lo que no le gusta, lo que *siente* acerca de las cosas.

Tenía razón.

Fue entonces cuando empecé a cambiar. Comencé a mirar más

y más a mi vida, a mi abuela y a mi familia. Al pequeño niño que hay en mí. A lo mala que era mi
abuela. A cómo todos siempre llegaban tarde. A la
lámpara con el cable defectuoso. Decidí que lo iba a
hacer. Y empezó a funcionar.

En ese momento mi mayor problema era que yo
había creado una base con personas que no podían ayudarme. Gentes
que no hacían nada por mí, excepto cobrar por mis presentaciones.
Estaban felices con que yo fuera un fracasado comediante viajero.
Y yo estaba tan atrapado en esa situación de estancamiento que no
estaba buscando activamente un representante. No tenía un buen
contacto. Es difícil conseguir un representante sólo diciendo "¿aló?"

Yo sabía que Ron había representado a Freddie. Había visto su
nombre en la contracubierta del álbum de Freddie, *Looking Good,* el
que había grabado en vivo en Mr. Kelly's, en Chicago. Cuando por fin
conocí a Ron, le dije:

—¿Hunga Rican Productions estaba en tu oficina?

Y me respondió que sí. Yo solía preguntarme, *"¿Dónde estará
Ron De Blasio? ¿Me encontraría cómico?"*

OTRAS VOCES—RON DE BLASIO

*Fue en marzo de 1998. Necesitábamos un comediante para que
abriera la presentación de Vicky Carr en Cerritos. Traté de llegar a
un acuerdo con George. Él quería un montón de dinero. Me pareció que el hombre era audaz. No tenía que traer público; ya todo
estaba vendido. Lo llamé. No me devolvía las llamadas. Persistí y
seguí llamándolo. Por fin me devolvió la llamada. Le dije lo que
necesitábamos: treinta y cinco minutos, no podía tener palabrotas,
tenía que ser para blancos, que les gustara a los latinos, pero no
mucho, y tenía que ser tanto para viejos como para jóvenes.*

*Lo hizo, y yo le medí el tiempo. Treinta y cinco minutos y
jamás miró al reloj ni siquiera de reojo. Les gustó a todos, y con ese*

público, algunos entre setenta y cinco años y la muerte, y todos se rieron. A los latinos les gustó. Y los más jóvenes también lo disfrutaron.

Lo curioso es que yo no podía entender cómo es que no había oído hablar antes de alguien, y lo digo sinceramente, tan talentoso, tan bueno. Un tipo tan cómico, tan ágil, limpio y encantador, ¿dónde había estado?

Entonces, después del show fui hasta detrás del escenario.

—Caramba, lo hiciste muy bien.

—¿Estás trabajando con comediantes? —me dijo George.

—No, trabajo con músicos —le respondí.

—Oh —exclamó.

Pensé en eso. Es interesante, pero ¿está él al nivel de lo que dejé, de los otros grandes comediantes con los que yo había trabajado antes?

Mi instinto estaba en lo cierto. Pero lo que me confundía —y no podía dejar de pensar en eso—, espérate, un tipo así de cómico, así de bueno, tiene que tener una grieta en algún lugar de su armadura. ¿Por qué está haciendo esto?

MEDICINA...
A LA MEXICANA

Los latinos nunca vamos al médico. Podemos estar tosiendo sangre, y aun así no vamos.

Otros...

—Oh, God.

—¿Qué sucede, Chance?

—I don't know, Brogan. Tengo una carraspera que nunca he sentido antes. Oh, my God, lo mejor es que haga un turno para el MRI...

A mi tío le estaba creciendo una cabeza en el cuello. Y no iba al médico. La cosa esa tenía hasta su propio pulso y pelo y todo, y seguía sin ir al médico. Uno le decía:

—Mira, ¿por qué no vas a que te examinen eso? —pero él se ponía enojadísimo.

—¿Que me vean qué? ¿A qué? No te oí, eh. ¿Que me vean qué? Estoy aquí mismo, puto. ¿A qué?

Entonces le apuntas al cuello.

—¿Qué, mi... qué es esto? ¿Qué... qué es? ¿Qué, ese? ¿Quién te lo dijo?

¿Qué quién me lo dijo? La CABEZA me lo dijo.

—Eh, si no te gusta, no la mires.

Y tu familia lo anima a que no vaya:

—Mira, no vayas, mira. Si yo fuera tú, ni iría. Porque, sabes qué, van a hallar que tienes algo malo. ¿Te bebiste

el 7UP? Bébelo, bébelo todo. El 7UP. Mira, va a arder, porque como tiene carbohidratos, pero bébelo. Y eructa, mira. Porque hace dos años yo tuve leucemia, pero se me fue con un Esprite. Con un limón. Y sí, mírame ahora, mira.

Puede que no vayamos al médico, pero sí vamos al salón de emergencia. Y cuando lo hacemos, va toda la familia. No irían a un bautizo ni a una boda. Pero si tienes un accidente de auto, vienen todos, bebiendo cerveza en el estacionamiento, lanzando gritos hacia las ventanas.

—¡Rubén!

—Seguro que no te va a oír.

—¡RUBÉN!

—Está en coma.

—¿Está muerto?

—No, no está muerto.

—Carajo, me dijiste que estaba muerto. Mejor le devolvemos el televisor.

La familia entera desfila por el hospital, y ése es el momento en que sale el doctor y dice en inglés:

—¡Oh, Dios mío! ¿Todos ustedes son la familia inmediata? ¡Pero cuántos han venido! Yo nunca había visto un asado a la barbacoa en el salón de emergencia. La carne asada huele riquísima…

Ya tu abuela está en un rincón encendiendo velas y rezando con todos sus santitos cuando el doctor se le acerca:

—¿Señora?

—No hablo inglés. No hablo inglish. Doctor, excusa me, Doctor. Ai no tolke tu much. Ai only bin in Unaitistei fiftinain year. Ai no tolke tu much.

Por eso es que todos tenemos un vocero de la familia, el más educado. A ése es al que llaman.

—¡Oscar!

—Cabrón, háblale al médico, porque tú trabajas en

Target. Ponte el chaleco. ¿Por qué lloras? Ponte el chaleco.

Y allí está Oscar con su chaleco rojo con la diana en la espalda, usando la gran palabra de la que abusan todos los mexicanos:

—Básicamente, vinimos a enterarnos de lo básico, ese. Desde el punto de vista básico.

—Well, the situation is very grim[1]

—Eh, eh, despacio. Yo trabajo de noche, ese. Todavía estoy en orientación…

—Well, the situation is grim. We have done some diagnostic work and his blood pressure is high and his hemoglobin level is incredibly low.[2]

Ahora tu abuela decide interrogar a Oscar:

—Qué, qué mijo, algo de que siente mucha presión porque, sabe que el… el… el… homoglobinas. ¿Joto? ¿Homo globinas? ¿Son globinas gays? ¿Que siente presión porque son globinas gays?

—Hemos tratado de todo —dice el doctor en inglés.

—¿Probaron con Vicks?

—¿What?

—Mi abuela quiere saber si probaron con Vicks. En el pecho…

Una vez mi tío tuvo un ataque al corazón y las únicas dos personas que estaban cerca eran niños de dos o tres años. Por eso es que hay que enseñarles a los niños a contestar el teléfono. A veces los instamos a que no lo hagan:

---

1. Bueno, la situación en muy seria.
2. Bueno, la situación es seria. Hemos hecho algunas pruebas de diagnóstico y tiene la presión alta, y el nivel de hemoglobina es increíblemente bajo.

—Eh, déjalo que suene. Mira, déjalo que
suene.

¿Han visto alguna vez Inside Edition?
¿Vieron al niño de cuatro años, y de Kentucky
nada menos, que ayudó a una mujer a dar a luz?

—9-1-1 Emergencia.

—Oh, hi. Mi mamá está dando a luz y yo tengo cuatro
años. Tiene ocho centímetros de dilatación. Ya se le ve la
cabeza al bebé.

Pero los niños de mi barrio no sabían ni mierda. Así que
mi tío estaba tirado en el sofá, jadeando — "Ay, ay, ay"— y
los niños se están burlando de él: "Ay, ay, ay".

—Me duele el pecho. No puedo respirar. Díselo a tu tía,
cabrón, dile que tengo dolor en el pecho y que no puedo
respirar.

Entonces corrías al patio y allí estaba tu tía hablando
con la vecina, con la cerca de por medio. Y te quedas parado
ahí porque te han dicho que no interrumpas. Así que te
quedas ahí…

—¿QUÉ QUIERES?

—Dice Tata que tiene olor y no se puede rascar.

—Tás loco. Déjame ir a ver.

Se va hacia adentro protestando. Y déjame decirte que
mi tío trataba malísimo a su mujer, diciéndole constantemente
que era una holgazana mientras él se pasaba el día
trabajando. Pero cuando él tuvo el ataque al corazón, quedó
a merced de ella.

—¿Qué pasa?

—Me duele el pecho y no puedo respirar.

—Oh, así que AHORA me necesitas. Porque te duele el
pecho y no puedes respirar. ¿Qué pasa? No te oigo.

—Me duele el pecho… ¡y NO PUEDO RESPIRAR!

—¡Baja la voz, cabrón! Si estoy aquí. No empieces a
gritarme, porque la que manda ahora soy yo, cabrón, Señor
Me-Duele-el-Pecho-y-No-Puedo-Respirar. ¿Qué? ¿Cuál es tu

problema? Porque yo no te lastimé anoche cuando estabas bailando con esa puta en el patio. Dile a la puta que te ayude. María. ¿Cómo se llama la cabrona? ¡Quédate ahí! ¡Quédate ahí! No llames al nueve-once. ¡Cuelga el teléfono, Raymond! ¡Déjalo ahí! ¡Déjalo ahí para que aprenda! No quiero que los bomberos se enteren de mi vida. Cuelga el teléfono…

Grandes Oportunidades

onocí a Cheech Marin en 1981, en un juego de básquet de celebridades. Hoy en día, él es una de las influencias más fuertes en mi vida y uno de mis mejores amigos.

Como sabe cualquier fumador de marihuana que se respete, allá en los setenta Cheech y su compañero de actuación Tommy Chong eran los más chingones y, juntos, convirtieron la comedia en arte del mejor. Tan sólo por su álbum clásico *Up in Smoke* y su brillante rutina *"Where's Dave? Dave's not here, man"* merecen estar en el Salón de la Fama. Sin embargo, los tantos que se anota Cheech en el presente están relacionados con una bolita blanca; a él y a mí nos fascina el golf y a menudo jugamos juntos los domingos en un club llamado Saticoy, cerca de Somis. Como ya he dicho, ¿qué puede haber de malo en golpear algo blanco con un palo?

A medida que jugamos y fumamos unos cuantos cigarros y caminamos los que una vez fueron terrenos fértiles, a ninguno de los dos nos pasa por alto la ironía de estar, nosotros dos, en ese sitio. A todo lo largo del Ventura Freeway, hay filas y filas de trabajadores migratorios que, doblados por la cintura, recogen fresas bajo el sol mañanero. Entre golpes malos y golpes *mulligans*[1] típicos de por la mañana temprano, con frecuencia Cheech y yo consideramos con sentido orgullo

---

1. *Mulligans*—Un golpe que no se cuenta contra la puntuación, permitido en un juego fuera de competición a un golfista cuyo golpe anterior fue mediocre.

la considerable altura a la que dos vatos han llegado en el mundo del espectáculo, un lugar donde, dice Cheech, "la marea" ha llevado y traído a tantos latinos a lo largo de los años. A menudo Cheech me cuenta haber ido a una premiación y ver gente como Jimmy Smits, Héctor Elizondo y Benjamin Bratt, actores buenos e importantes, pero el próximo año no queda ninguno. Es la marea que se los lleva.

En la actualidad, Cheech vive en la playa de Malibu, y yo acabo de comprar una casa en el esplendoroso 17 Mile Drive, cerca de Pebble Beach. Así que nosotros sí *sabemos,* ese. Sabemos lo que ha sucedido en el pasado: sabemos que, de muchas formas, éste es nuestro momento; nuestra marea llegó y somos símbolos del éxito y, para muchos, somos portadores de una forma de pensar y de ser en Hollywood. Sabemos que actuar con orgullo y honrar nuestra herencia son las mejores maneras de rendir tributo a aquéllos cuyo trabajo, aunque no sea visto por tantas personas, significa tanto como, o más, que el nuestro.

Por eso, ves, no es extraño que fuera Cheech quien me diera el mejor consejo cuando yo estaba batallando contra la marea. Consigue Esa Cosa, me dijo, y convierte Esa Cosa en Otra Cosa. Él había pasado de los álbumes de éxito a las películas de éxito, y de ahí a los programas de éxito. Si yo quería ser parte de la próxima ola de estrellas latinas, tenía que conseguir Esa Cosa.

Era una película dirigida por un inglés llamado Ken Loach. Giraba alrededor de una huelga de conserjes —de ahí lo de la basura— en Los Angeles. Sin Ann, yo habría rechazado la prueba para el papel de un administrador de un edificio de oficinas del centro de la ciudad enfrentado al sindicato, de la misma forma en que había rechazado muchísimas otras, pensando, al carajo, ¿qué oportunidad tengo? En este caso me importaba aún menos, ya que había regresado de otro penoso fin de semana de viaje y presentaciones.

Era un domingo, tarde en la noche, cuando entré a la casa y ella me habló acerca de la película y la prueba al día siguiente.

—Yo no voy —le dije

—Sí, tú vas —me dijo.

—Estoy muy cansado, Ann —le dije—. Acabo de llegar de San Francisco. Olvídate de eso.

Pero como tengo que enfrentarme al persuasivo poder de Mrs. López, acabo yendo. Por supuesto, no hay guión, y el señor Loach, cuando finalmente logro conocerlo, hace lucir a Clint Eastwood como un gran conversador.

—¿De dónde es usted? —me dice por fin.

—Del Valle —le digo—. Y conozco los sindicatos porque he trabajado en una, o dos (o tres) fábricas, y mi abuelo trabajó muy duro, rompiéndose el lomo durante treinta años.

—Espléndido —dijo Loach.

Después llega otro actor, un talentoso individuo llamado Greg Montgomery y nos disponemos a ensayar la escena: yo soy el jefe y él es el conductor, quien me ha dado una información errónea. Cuando terminamos yo pensaba que Greg lo había hecho a la perfección, pero Loach debe haber visto algo en mí que le gustó. Así que yo obtuve el papel. Y Greg, "gracias".

—Ahora, tú no crees nada de lo que dicen, sea lo que sea —me dice Loach. Voy al segundo encuentro, una escena que se supone debo improvisar con dos actrices. Loach me dice:

—Ella ha llegado tarde varias veces y tú ya estás cansado de eso.

La mujer entra y enseguida yo empiezo.

—¿Dónde carajo has estado?

—Lo siento —me dice.

—Esto es un maldito negocio. ¿Dónde carajo has estado?

—Mi hijo está enfermo.

—Tu hijo está enfermo. Escucha, yo también tengo un montón de hijos enfermos, pero estoy aquí. Tu empleo consiste en trabajar, no andar por ahí perdiendo el tiempo.

Entonces ella comienza a llorar; la he lastimado de verdad, pero no me importa. Algo personal está produciéndose aquí.

—Okey, okey, okey —dice Loach.

Ahora entra la otra actriz. Le doy la espalda.

—Siéntate —le gruño.

Cuando me vuelvo, ella está sentada y le caigo encima como muchos de mis jefes me cayeron encima a mí. De pronto, veo que *ella* está llorando.

—Okey, okey, okey —dice Loach.

—¿Quiere que lo haga de nuevo? —le ofrezco.

—No, no, ya es suficiente—me dice Loach antes de pronunciar dos palabras más, absolutas tablas de salvación para un hombre a punto de ahogarse:

—Nos vemos.

Llegué corriendo al auto para llamar enseguida a casa por teléfono.

—Creo que conseguí el papel —le dije a Ann. Y, ciertamente, cuando llegué a casa, ya era mío.

Esa película, Bread & Roses, se estrenó, con excelente crítica, en el Festival de Cine de Cannes. Imagínense: este niño abusado y desatendido, que odiaba el color de su piel, para quien la televisión era un agradable consuelo, se iba para el Festival de Cannes. Con la diferencia de que yo ya no tenía que imaginarlo. Porque de pronto, para este chicano, aquello era verdad.

Mi próxima gran oportunidad llegó gracias de Rick Dees, cuyo programa matutino en KISS-FM en Los Angeles es el equivalente radial de ser invitado al *show* de Leno o el de Letterman. Me presenté allí y, no sé por qué, a Rick y a mí nos dio por tomarla durante largo rato con Roy, su administrador general, y yo dije:

—Yo no sabía que el diablo tenía cabeza de pescado y tanto pelo en el pecho que se le sale por encima de la camisa.

Rick acabó desternillado de la risa.

Y Roy acabó llamando a mi publicista para preguntarle si yo podía considerar un empleo en la radio.

Caray, Roy, claro que lo consideraría. Considerando que yo estaba hasta el último pelo de andar viajando. *Considerando* que nadie me estaba ofreciendo nada.

En enero de 2000 salí al aire por las ondas de Clear Channel Communications en KCMG (MEGA 92.3), en Los Angeles, y me convertí en el primer DJ latino de la mañana que estelarizaba en un estación de habla inglesa en un mercado dominado por la radio en español. Uno habría pensado que, siendo el nuevo "líder del equipo" de la programación de la mañana, me darían un abrazo, un "hola", una taza de café, algo. Pero lo único que me dieron fue un frío recibimiento… me hicieron sentir como Michael Jordan en su primer juego All-Star de la NBA.

Me dejé maltratar durante tres días antes de acudir a Roy:

—Oye —le dije—. A la mierda con esto. Yo no puedo trabajar con esta gente. Ni me dejan hablar, y cada vez que hablo me miran como si todo lo que digo fuera absurdo. ¿Fue para eso para lo que me trajiste?

En realidad, no, así que, eventualmente tuve que enfrentarme al animador de la mañana, que llevaba allí treinta años, y a su compañera, la animadora de la mañana. Frente a un López bastante loco, ambos se fueron y dejaron el camino libre. Por ahí entré yo y transformé la programación de cinco a nueve de la mañana en un enloquecido sálvese-quien-pueda. Mi parte favorita del programa era siempre la primera hora, cuando estaba yo solo con los choferes y los recaderos —la gente de verdad—, hablando locuras e improvisando en el aire. En ocho meses, en el mercado radial más competitivo del mundo, llevé la estación desde el número veintiuno en el mercado hasta el nueve. Le di a la estación una identidad y una presencia. Lo que me dieron a cambio de esto fue…

Que me despidieron.

Eso es.

Porque el ascenso no fue lo suficientemente rápido, yo no atraía a un público lo suficientemente
amplio, según la opinión de un nuevo pendejo director de programación, realmente el tipo de persona
que apaga la chispa de la comedia, el balde de agua humano que hay
que tener al lado de la hoguera.

Pero superé eso. Porque Esa Cosa en la radio me había dado la
entrada hacia Otra Cosa. Una semana después de que me despidieran,
aparecí en la portada de *Variety*, luego de haber firmado un enorme
acuerdo en desarrollo.

Para un programa que, sencillamente, cambió mi vida.

OTRAS VOCES—RON DE BLASIO

*Mientras más le preguntaba a la gente por George, más incomple-
tas eran sus respuestas. Así que le dije:*

*—Quiero que me des el nombre de cada persona con la que
has hablado en tu vida que dice que tú le gustas y que tiene un
puesto de cierta importancia, o que ha tenido algún puesto de importancia cuando te conoció.*

*Fui por tooooda la lista, de arriba a abajo, y llamé a cada una
de las personas. Nada. "Oh, sí, tiene talento. Es una buena persona. Pero si fuera realmente bueno como comediante, a estas alturas alguien lo habría empleado. Ya no es tan joven".*

*No me gustaba la palabra que me repetían: comediante la-
tino. Sí, había muchos latinos entre su público, pero también descubrí que los comediantes lo consideraban el más versátil, el más
elocuente. Me puse a trabajar.*

George y su abuelo
Refugio Gutiérrez (1971).

George, su abuela Benny,
su abuelo Refugio Gutiérrez y
el padre de su abuelo (1971).

El abuelo Refugio Gutiérrez y George (1971).

George en México (1971). Dándole leche a un corderito junto al abuelo.

George *(segunda fila, tercero desde la izquierda)* y el equipo de béisbol de la Liga Juvenil (1973).

Aprendiendo a tocar el bajo en mi cuarto (1978). ¡Soy realmente un roquero de corazón!

La única semana en
que fui DELGADO.
Pismo Beach, 1983.
¡Tal vez la única
foto mía sin camisa!

¡Quién es esa chica!
Es Ernie Arellano
(derecha), mi mejor
amigo. Es a principios
de los '80—¡Fíjense
en su pelo a lo
Van Halen!

Primera foto en primer plano(1985).

El día de nuestra boda: 18 de septiembre, 1993.

Estreno de *Bread & Roses,*
Cannes, Francia (2002).
(De izquierda a derecha)
Ann López, Elpidia
Carrillo, el director Ken
Loach, Pilar Padilla,
George y Adrien Brody.

Esquiando en Aspen con
Ann (1992). El más chingón.

¡Bailando en el *fairway*!
¡He llegado! Pebble Beach, mi
pueblo adoptivo … ¡se jodió
el vecindario!

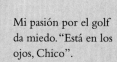

Mi pasión por el golf
da miedo. "Está en los
ojos, Chico".

El elenco del programa de *George Lopez* (2004). *(De izquierda a derecha):* actor invitado J.B. Gaynor, Luis Armand García, Valente Rodríguez, George López, Constance Marie, Belita Moreno y Masiela Lusha.

George y su hija, Mayan López (2003).

Gracias al esfuerzo de Ron, en el verano de 2000 mi carrera como comediante había cambiado de velocidad, yo era la figura principal en clubes más grandes y mejores, llenaba estadios pequeños y me estaba haciendo de un nombre entre un grupo de poderosos promotores. Sin embargo, como sucede con frecuencia, menos puede ser más. Para mí, fue una actuación en agosto, en uno de los rincones clásicos del Sur de California, el Improv en Brea.

Pero esta vez yo llevaba trabajando el circuito a tiempo completo durante más de quince años. Ya no era banal. Ahora mi *show* de una hora y diez minutos tenía una actitud desafiante, un ritmo y un poder. El público vio a un hombre con traje que ya no entraba al escenario con una presentación vociferante, sino con la música de "Low Rider", por WAR, el grupo que me acompañaba en mi auto cuando estaba solo y no tenía nada. Pero ahora, gracias a Dave Becky, el representante de Chris Rock, a Ann y a la exploración interna que hice de mí mismo, finalmente me dí cuenta de que desde el mero comienzo, tenía algo que decir.

—*Ahora les advierto, señores, que voy a hablar en español. Así que lo siento por muchos de ustedes que no entienden el idioma, pero ¿qué rayos están esperando? ¿Creen que vamos a VOLVER a México? ¡Vamos a traer a México aquí!*

—*Aquí no es como en Irvine, donde te ponen una multa de cuarenta dólares si hablas spanglish. In Irvine, "Mira, 'ta caliente". "Oh, my God. ¿Nueve once? Hi. Apúrense. Oh, yeah, apúrense, que estos latinos lo único que hacen es habla habla. Apúrense. No, no sé su nombre, no puedo leerle el cuello."*

—*Miren cómo los cholos no se ríen. "Eh, no te rías de eso, vato. Eso no sirve. Eso es una marca de nacimiento, una* birf mark [2], *ese. B-I-R-F"*

2. *Birth mark,* en correcto inglés. (N. del T.)

—"… Oh, my God… Oh, my God… *Y parece que ha estado llorando. Tiene una lágrima debajo del ojo…*"

Fue Chris Rock quien dijo que un comediante es alguien que dice, "¿Viste eso? Ese fantasma". Un comediante es el tipo que ve las cosas de una forma en que nadie las ve. Lo bueno de la gente, lo malo de la gente. Y eso era lo que yo estaba *viendo* ahora, esos fantasmas de mi confuso pasado y todos los locos personajes que forman *mi familia*, que viven en la sociedad, y los estoy fusionando todos juntos de una forma que haría sentir orgullosos a Prinze y a Pryor.

Yo tenía una palabra para lo que estaba sucediendo en ese momento. La llamé comedia de jazz. Como con Miles o el Duke, las notas no son siempre las mismas. Yo estaba actuando según sentía, siempre en control, manteniendo al público en un puño. El trabajo en la radio, la película y los los clubes se alimentaban unos de otros, como tazas de café *espresso* que me llenaban continuamente de confianza. Había encontrado una voz y un hogar para *"Oh, Dios mío, Hillary"*, para *"Memmer?… U Memmer!"*, para "Gentes diferentes" y "Bodas en el patio". Había logrado llegar a lo hondo del manantial de las historias de mi abuela, y esa noche, en el Improv, sin que yo lo supiera, Sandra Bullock lo vio.

OTRAS VOCES—SANDRA BULLOCK, ACTRIZ, PRODUCTORA EJECUTIVA DEL PROGRAMA GEORGE LÓPEZ.

Mi socio, Jonathon Komack Martin, y yo estábamos desarrollando algunos proyectos televisivos, y comenzamos a hablar acerca de la ausencia de latinos y asiáticos en la televisión, donde no había ni un solo programa de ese tipo. No sabía a qué se debía; algunos mencionaban la falta de artistas con talento. Estaba cansada de ver que en la televisión sólo se veían anglos, así que mis socios y yo intentamos identificar, cada uno por su cuenta y en diversos medios, a todos los actores latinos y asiáticos, pero nos fue difícil hallar personas con gran talento para la comedia, hasta que dimos con George.

Su vida, su acto, pensé, "Este hombre es increíble". Agridulce, se pasa del límite, no siempre es agradable de oír, pero siempre con tanta honestidad, de una manera tan natural, la gente no se da cuenta de lo fácil que él lograba que pareciera su actuación.

Cuando vi su acto, pensé, "Oh, Dios mío, su ambiente, su vida, ¡es mejor que cualquiera de las ideas que tenímos!" Una historia tan real como angustiosa, y él tenía la valentía de contarla.

Fui a ver a George y luego me reuní con él y con Ann. Yo estaba tan emocionada. Mi problema es que a veces hablo sin pensar y no dejaba de decir, "¡Tenemos que hacerlo! ¡Tenemos que hacerlo ahora! Me encantaría trabajar contigo".

Llevaba a todos mis amigos a verlo —gays, heterosexuales, negros, amarillos, blancos— y me fijaba a ver si reaccionaban igual que yo lo hice, suponiendo siempre que estoy fuera de mis cabales. Y me decían, "Este hombre es asombroso. ¿Cómo es que no lo han descubierto antes?"

Entonces este abogado mío que es un poco delirante me dice, "Déjame pensar a quién conozco", y surgió el nombre de Bruce Helford, y pensamos, "Bueno, ése está loco; sería bueno hablar con él". Así que lo llamamos, le dijimos que tenía que ir a ver a George y logramos que fuera hasta The Ice House.

Bueno, vio a George, y voy a la oficina de Bruce y lo convenzo para que encamine el show. Él se estaba encargando de numerosos programas, pero por fin nos dijo que iba a ver qué podía hacer. Eventualmente, la relación de Bruce con Warner Bros. y mi acuerdo con Warner ayudaron. Discutimos y rogamos un poco, y entraron en el proyecto.

Aparte de Ann, le debo todo a Sandy, ya que ella no tenía por qué hacer lo que hizo. Es una superestrella de cine, e incluso después que sus agentes le dijeron, "No creemos que esto dé para un *show*", ella nunca se dio por vencida. Defendió la idea de hacer un programa para una de las grandes cadenas y reclutó a gente como Bruce Helford, creador de *The Drew Carey Show* y ex escritor principal de *Roseanne*, como mi co creador y productor ejecutivo. Ella entendió que yo era una especie de "paquete" que asustaba a los ejecutivos de la televisión, bendecido además con lo que alguien una vez llamó "el rostro de un vigilante de mesas de juego en un casino de indios". Pero Sandy pensaba de otra manera.

—Deja que yo me encargue de la cadena —me dijo—. Tú, ocúpate solamente de ser cómico.

Lo que más me ha impresionado siempre de Tim Allen, Drew Carey, Paul Reiser, Ray Romano y Jerry Seinfield es que su éxito en la televisión vino luego de pasarse varios años trabajando y puliéndose persistentemente en los clubes. Estos hombres se habían comprometido emocionalmente con sus programas, los que, en esencia, eran versiones televisadas de sus vidas. Ya no se puede fingir mucho en la televisión, al menos en la televisión de calidad. La gente quiere sentirse emocionalmente compenetrada con las historias y los personajes, y no importa si hablas en inglés o en español o en spanglish, con tal de que te conectes con tu público.

Pero, ¿tenía yo lo que hacía falta para establecer esa conexión? ¿Podría dar el paso hacia la cultura anglo?

Sandy pensaba que sí podía. Y también sus socios: Helford y— aquí la cosa se pone un poco extraña —Jonathon Komack Martin, el hijo de James Komack, el creador de *Chico*.

Ahora todo lo que necesitábamos era un guión.

Con ese objetivo pasé la mayor parte del final del verano de

2000 en la oficina de mi casa, mirando —gracias a la colección Time-Life— cada uno de los episodios de *Sandford and Son,* seis a la vez, luego otro vídeo, y otro más. No porque me hiciera falta reírme; no, lo que quería era aprender. Acerca de los personajes y cómo interpretar el aspecto físico de la comedia en la pantalla pequeña, cómo se lanza un insulto y cómo se responde a ese insulto, cómo presentar a un vecino, todos los ligeros matices de la televisión que diferencian lo personal de lo procesado.

No quería que mi *show* pareciera algo fabricado. Creo que la gente responde favorablemente al programa debido a que soy una persona genuina, un tipo corriente con todas las pequeñas cicatrices de alguien que ha tenido que luchar para sobrevivir. Creo que la gente se relaciona con esa realidad de mi persona. Al principio, Bruce quería escribir él el piloto, pero cuando yo empecé a hablar, él dijo, olvídate, habla tú y nosotros te vamos a escuchar. Y eso fue lo que hice durante días y días, sacarme todo de adentro, metido en una habitación con Bruce y con el productor Robert Borden, dejando que se desbordaran las lágrimas y las historias, mientras un asistente las anotaba todas. Con esos pensamientos ya escritos, y otros que clamaban por salir de mi cabeza, Robert y yo trabajamos haciendo el guión durante ocho horas al día, hasta las Navidades. Robert es lo que se conoce en inglés como un *showrunner,* el tipo de productor responsable por mantener el control de la historia y los personajes, y con su modo de ser tranquilo y considerado ayudó a crear un guión de prueba que se elevó por los aires como los hermanos Wright en Kitty Hawk.

A Warner Bros. le encantó. A Sandy le encantó. Pero ninguna cadena estaba ansiosa por contratar a un latino de talla grande para la pantalla pequeña.

OTRAS VOCES—SANDY BULLOCK

Tal vez lo más divertido de todo esto es que yo, que nunca había trabajado en la televisión, sin pensarlo dos veces llamaba a las ca-

denas y decía, "Tienen que ver el acto de George". E iban, digamos, al Improv, y separábamos todas las cadenas en mesas diferentes —ABC, CBS, NBC—, y yo hacía de anfitriona. Cuando pienso en eso, siento que si hubiera sabido entonces lo que sé ahora, no sé si habría sido tan valiente. Quizás no.

Era interesante observar lo que sucedía: a todos les encantaba esa energía, estaban asombrados con el acto, pero no eran capaces de hacer una oferta. Todos decían, "No sabemos qué hacer. George es muy cómico. Pero no hay dónde ponerlo". Y yo pienso, "¿Qué no hay dónde ponerlo? ¿No hay dónde poner un show realmente cómico?" Nunca se me ocurrió, hasta que George me lo explicó después, lo que querían decir.

Después de todo, habían pasado solamente tres décadas desde el estreno de *Chico* en una cadena de televisión. Tres largas décadas de desilusiones a ambos lados de la cerca: los latinos en el exterior que miraban hacia dentro, los ejecutivos en los estudios luchando por encontrar un programa étnico que pudiera hacer el *crossover*, convertirse en favorito de todo el público en general, y producir los altos niveles de audiencia por los que merece la pena hacer programas de televisión para las horas de más sintonía.

¿Recuerdan las Plazas del Recuerdo y el Refugio de Luz, el sitio de descanso final de Freddie Prinze en Forest Lawn? ¿Recuerdan cómo, en épocas problemáticas, dije que yo volvía allí para rogar por inspiración o algún tipo de intervención divina, para que Freddie, desde allá arriba, guiara mi vida en una dirección positiva? Bueno, pues la mañana antes de una reunión importantísima con ABC, fui a ver a Freddie otra vez.

—Por favor —le dije—, dame la oportunidad de tener un *show*. Permíteme tener la oportunidad de realizar mi sueño, de que tú y yo nos conectemos a través de la historia de la televisión.

Aún hoy en día me cuesta trabajo creer lo que sucedió después. Me fui a casa para cambiarme y luego fui a la oficina de Stu Bloomberg, el jefe de la división de entretenimiento de ABC en ese entonces, situada en un edificio verdeazul en la parte trasera del recinto de los estudios de la Warner, que tenía todo el

encanto de una oficina de seguros. Había un grupo impresionante: Bruce, Sandy, Deborah Oppenheimer, otra excelente productora ejecutiva de televisión, y un par de personas de ABC encargados de los aspectos creativos. Tan pronto me senté en un sofá, noté algo, igual que lo hizo Stu.

—Está un poco oscuro esto —dijo él—. ¿Les importa si abro las cortinas?

Y pienso, "También *mi vida* está un poco oscura ahora".

Stu camina hacia la ventana y abre las cortinas, y desde donde estoy sentado mi mirada atraviesa directamente la vía… hasta Forest Lawn y *directamente* hasta las Plazas del Recuerdo y el Refugio de Luz. Es como si yo hubiera canalizado a mi ídolo. Y todo lo que puedo pensar es, "Hijoepu… Freddie, me escuchaste, estás conmigo, estás conmigo ahora… "

En ese preciso momento, Robert y yo empezamos a fascinar a Bloomberg.

—Está bien, me gusta el guión, George trabaja en una fábrica… ¿Que más tienes? —dijo.

Teníamos personajes e historias. No dejamos piedra sin mover. Eso es lo que *teníamos*. Y antes de irnos teníamos otra: un compromiso con ABC para hacer cuatro episodios de un programa nuevo.

El programa de George López.

LA LÁMPARA

Lo único que nunca cambiará, mientras seamos latinos, es el hecho de que nunca queremos reparar nada. No queremos contratar a un reparador.

En la casa de cualquier vieja mexicana siempre hay una lámpara que es aun más vieja que ella misma. Tiene como cincuenta años. Sin cable. Y es un constante riesgo de incendio. O tal vez tiene un cable con una enorme bola de cinta adhesiva negra, o un cable rojo, que no es el original. Le pasas por el lado, pisas el cable y suena como el colibrí más grande del mundo. Y tu abuela dice:

—Parece que está echando chispas. Mijo, por favor, arréglamela. Yo no sé, arréglala, por favor. No puedo ver... mis ojos. Todo está oscuro, hombre.

Entonces te agachas detrás del sofá, pero no hay espacio, porque todos los mexicanos empujan los muebles contra las paredes. Metes la mano, tocas el cable y te da un corrientazo en la mano. Y alzas la vista hacia tu abuela y allí está ella, tratando de contener una sonrisita de comemierda.

—Lo siento, mijo, lo siento, por eso fue que yo no lo hice.

La lámpara es importante. Siempre está encendida. Los chicanos no tienen alarma en la casa. No hay un código.

—Espérate, necesito poner mi código porque vamos a casa de Chad y Muffy. Pájaro azul, eso es.

¿Nosotros?

—Oye, buey, vamos a Las Vegas, eh. Deja la luz encendida. Para que crean que hay alguien en la casa.

Claro, déjala encendida porque la gente, los ladrones, pasan por allí y dicen:

—Hombre, mira, están despiertos a las dos de la mañana. Olvídate.

O dejamos el radio encendido porque de esa forma tenemos seguridad audiovisual.

Y esa lámpara jamás tiene pantalla, sólo un bombillo, y cuando preguntas que dónde está la pantalla, te dicen:

—Se quedó en el camino, no sé por dónde, creo que está en Van Owen. Pasé por allí en el carro, pero no la vi.

Mi abuelo no sabía nada de lámparas ni de luces. Así que sale y trae un bombillo del garaje.

—Mira, mira —dice—. Esto va a resolverlo.

Y le digo:

—Sabes, no creo que deberías poner...

—Mira, cállate, cabrón, tú... ocúpate de tu vida y déjame... mira—. Enciende la lámpara y se oye un zumbido. Bzzzzz, bzzzz. El bombillo ya está como a mil grados, ni te le acerques, y sin quererlo, mientras hablas, te le pegas. Y puedes oír cómo cruje tu piel... ¡Aahhhhh!

—Mira, el cuarto cambió de color...

—¿Qué pasó, se volvió beige? ¿Qué?

Ahora tienes una marca roja en el brazo. Y cuando vas al barbecue, tu abuela se pone:

—Ven acá, cabrón. ¿Qué te dije acerca de los tatuajes? Entonces balbuceas algo.

—No te oigo.

—Que a ti no te gustan los tatuajes.

—¿Qué no me gustan? ¿QUE NO ME GUSTAN? Y aun así te haces un tatuaje en el brazo.

—¿Huh?

—Muy bonito. Así que eso te gusta. ¿Quién es Sylvania? ¿La negra que trabaja en Home Depot, cabrón? Sylvania. No me digas que no es negra. Dice "Watts" en tu brazo. Watts, pendejo. Sylvania 75 Watts. No conozco la calle, cabrón, pero sé que pueblo es. La voy a encontrar. Watts número setenta y cinco.

Empieza la función

SE VAN ENCENDIENDO LAS LUCES:

INTERIOR, GEORGE, SANDY, BRUCE, VARIOS JEFAZOS DE
ABC Y EL PRESIDENTE DE WARNER BROS., PETER ROTH,
SENTADOS EN UN LUJOSO SALÓN DE CONFERENCIAS DEL
ESTUDIO.

(TOMA CERCANA DE GEORGE, QUE SE NOTA NERVIOSO)

JEFAZO
¿Qué crees, George?

(GEORGE VACILA. INSEGURO...)

BRUCE
Hacemos la mitad de la temporada si nos ponen los
miércoles. Y si nos ponen después de *My Wife and
Kids*, y mueven a Belushi por cuatro semanas.

Y eso fue exactamente lo que sucedió. La cadena quería seis episodios, pero a mí no me agradaba la idea. Yo no sabía gran cosa de tele-

visión, pero estaba seguro de que no había mucho tiempo para aprender lo que no sabía. Nos quedaría poco tiempo para escribir, producir y filmar seis episodios. Así que decidimos que fueran cuatro.

OTRAS VOCES—SANDY BULLOCK

No se como, pero las estrellas se pusieron de nuestro lado y, de pronto, nos estaban empujando para que fuéramos reemplazo a mitad de la temporada, seis meses antes de lo que queríamos. No teníamos escritores ni director, ningún elemento para trabajar. ABC dijo algo así como, "Bueno, les dejamos que tengan un show, pero no vamos a darles ninguna ayuda". Y yo pense, "¿Es que no saben quién soy?"

La selección del reparto, por ejemplo. Pensábamos que habría tantos actores para escoger, nada de eso. Debido a que no había una verdadera demanda de actores latinos en la televisión, los agentes no los tomaban como clientes. Había algunos excelentes actores de carácter, porque ése es el tipo de papel donde más se los encuentra, pero necesitábamos más. Se habló de ir a la Ciudad de México o recurrir a las telenovelas.

Hasta queríamos que en nuestro equipo técnico hubiera al menos un elemento de sangre latina, pero nos decían, "No hay mucho trabajo para nosotros. Los programas siempre empiezan y se terminan en un par de meses". Pero a mí me gustan los problemas, me gusta arriesgarme, porque luego la recompensa es mucho mayor.

Casi tres años y cincuenta y seis episodios después, he aprendido un factor básico: ya sea cómico, pesado o algo en el medio, hacer un programa de comedia (o sitcom en inglés) para una cadena grande de

televisión, es un *proceso* de cinco o seis días. Algunas semanas, esos cinco días parecen cinco años.

El proceso es más bien agradable si sólo tienes que salir de tu camerino o tu vestidor rodante con aire acondicionado para decir una o dos líneas, y luego regresas a las comodidades de la televisión producida para una cadena. Pero si estás involucrado en cada aspecto del programa, si tu *nombre* aparece allí, tienes que hacer lo que yo hago, lo cual, en una semana cualquiera, es algo por el estilo:

Lunes: Una reunión de producción seguida por una antigua tradición de la televisión conocida como la Lectura de Mesa. En ésta, el reparto y cualquier persona importante relacionada con el programa —ejecutivos, productores y escritores— se sientan, vestidos confortablemente, alrededor de mesas colocadas en rectángulo y leen línea por línea del guión, lo que les da una idea del desarrollo de la historia. En manos de un ex actor convertido en director, Joe Regalbuto, quien tuvo un papel estelar en la divertidísima serie *Murphy Brown,* la lectura de mesa se parece a uno de esos mítines para dar ánimos a los manifestantes. Le da la bienvenida al elenco de regreso al programa y todos aplauden, y entonces Joe presenta a las estrellas invitadas de la semana, y todos aplauden, y luego leemos el guión en voz alta y todos se ríen. Es una hora que te hace sentir bien, algo muy necesario para recargar nuestras energías. Luego ensayamos durante el resto del día. Si el guión lo necesita, yo regreso a la oficina de los escritores y lo pulimos hasta las nueve o las diez.

Martes: Ensayamos durante tres horas por la mañana y dos más por la tarde, antes de montar lo que se llama una pasada para la cadena y el estudio. Ésta es otra antigua práctica en la que los ejecutivos de la cadena y del estudio, los escritores, los agentes, algunos amigos con buena suerte y los familiares ven el *show* con la duración con la que, esencial-

mente, saldrá al aire, antes de que los ejecutivos ofrezcan "notas" con el objetivo de mejorar el producto. Después de eso, casi siempre, me quedo otra noche hasta las siete o las ocho mejorando las escenas y los diálogos con los escritores.

Miércoles: Se hace el montaje de cámaras, seguido por cinco horas más de ensayo. Durante los descansos, en la tranquilidad de mi camerino, ensayo mis líneas con mis entrenadores de actuación y de diálogo, mientras memorizo un guión de cuarenta o más páginas.

Jueves: Día del programa. Desde las 10:30 hasta las 3:30 cerca de un 80 por ciento del guión se filma en un estudio cerrado. Alrededor de las 5:00 p.m. se comienza a peinar a los actores, a aplicarles el maquillaje y a ponerse el vestuario, seguido esto de las notas finales y la revisión del guión. A las 5:25 se presenta el elenco ante el público que llena el estudio, y a las 5:30 comenzamos la actuación en el *set*. Cerca de un 80 por ciento de lo que se filma ahí va al aire. Tres horas y media de filmación para veinticinco minutos de televisión.

Al principio, yo no tenía la menor idea de lo que me esperaba, ni tampoco de las sutilezas de la actuación: cómo caminar y hablar, cómo situarme en una marca del piso, actuar ante una cámara o pararme bajo la luz correcta. Fue como aprender un nuevo idioma mientras vivía en otro país: no hay tiempo para asimilar. Te tiran al agua, y tú te hundes o nadas.

Por ejemplo, caminar y hablar. Parece fácil, ¿verdad? Pues trata de hacerlo mientras avanzas a través de una cocina llena de gente, al tiempo que expresas ira o dolor. Y sabes que te quedan cuatro pasos para llegar a tu cámara principal y a la luz que más te conviene. En el monólogo de comedia, tu instinto natural es actuar a lo grande, exagerar los gestos de las manos y el rostro. En la televisión, es todo lo contrario. Al comienzo, una de las bruscas y fuertes notas que recibí de un ejecutivo de ABC decía que dejara de "botar los ojos" ante cada sorpresa, y tenía razón.

John Pasquin, quien dirigió *Home Improvement* y muchos episodios memorables de *Roseanne,* es una de esas personas a quienes agradezco el haberme ayudado a entender el *arte* de la televisión. En los ensayos, él está constantemente ajustando mis líneas de diálogo, precisando el momento justo para un réplica, mejorando las escenas, todo de una manera amable. Son las pausas y las vacilaciones las que te conectan emocionalmente con los televidentes. Es fascinante ver cómo una historia de un estilo totalmente diferente cobra vida en las manos de alguien como John. Él sabe exactamente cómo las familias, al menos nuestra familia, deben sonar.

Gracias a John, a Sandy, a Bruce, a uno de mis vatos de golf, el productor Frank Pace, y a tantos otros profesionales, he aprendido que el *arte* consiste en dejar que los diálogos y las miradas más insignificantes vayan creando los grandes momentos. Hacia eso es hacia lo que siempre se dirige tu actuación: a los momentos.

Echamos el bofe en esos cuatro primeros episodios, porque para mí no había una segunda oportunidad. Yo tenía que ganarme el premio mayor con esos cuatro primeros billetes o recorrer el mismo camino por donde han pasado desde 1974 todos los otros programas cómicos basados en personajes latinos. Saben, por alguna razón los latinos tenemos muy buen ritmo. Para nosotros, el baile es mucho más complejo: hemos estado bailando toda la vida, a menudo al golpe de otra persona, y si bien ahora estamos triunfando en grande con nuestra música, la cosa es diferente para los latinos en la televisión. No es suficiente hacer reír a la gente. A pesar de que ya somos treinta y nueve *millones,* y sigue contando, y de que los anunciantes, los editores y los agentes de mercadeo corren para tocarnos a la puerta, todavía asustamos a la gente —a la gente poderosa— de Hollywood. Nos siguen viendo como servicio doméstico, para cuidarles a sus hijos,

cortarles la hierba, cocinarles la comida, pero no como amigos o personas iguales a ellos. Es lo que ven, y no lo que saben.

Yo me propuse cambiar esa visión.

Un escritor de televisión señaló de una manera elocuente que todo lo que yo tenía que hacer era "gustarle a la mayor audiencia posible, al tiempo que convencía a los televidentes de que este programa no está hecho exclusivamente para un sector étnico o cultural, sin dejar de hacer que los televidentes latinos se sintieran especiales y comprendidos."

Seguro que sí, facilísimo.

SE VAN ENCENDIENDO LAS LUCES:

INTERIOR. ESTUDIOS DE HBO, 120A EAST 23RD STREET, CIUDAD DE NUEVA YORK

(EN EL *SET* DE *"ON THE RECORD"*, CON EL ANFITRIÓN BOB COSTAS. BOB Y GEORGE, SOLOS, HABLANDO)

BOB
¿Cuán genuino puedes ser al presentar tu visión de la vida, de tu vida, o de algún segmento de la cultura méxicoamericana? Pero, al mismo tiempo, el programa necesita convertirse en un éxito entre la inmensa mayoría de la teleaudiencia estadounidense, así que tiene que haber algo que atraiga a un público más amplio. Entonces, ¿cómo logras las dos cosas?

GEORGE
Dejamos que nuestra imagen hable por todo lo demás. Sencillamente, tratamos de ser personas normales, como todo el mundo. Con la diferencia de que tenemos unos bronceados fabulosos.

BOB

Como tú mismo dijiste, no quiero ser
tanto un mexicano como un ser humano,
un ser humano que es mexicano.
Lo cual puede parecer un concepto
muy sencillo...

GEORGE

Es dificilísimo de lograr. Un ejecutivo me llamó y
me dijo, "George, en la cocina no hay nada que le
diga al público que allí vive una familia mexicana".
Querían que pusiera un aparato para hacer
tortillas. Yo ni siquiera sé qué es eso. Mi abuela era
la que me hacía las tortillas. Así que les dije, "¿Y
qué tal los mexicanos que están en la cocina?"

En el primer *show* dijimos exactamente una sola palabra en español.

En el pasado, cuando los latinos se enojaban en la televisión, aquello se convertía en Telemundo: cómo es pendejo, por favor, no, señor. Eso no iba a suceder aquí. Claro, dejamos caer un "chichi" o dos de más, pero yo quería ir poco a poco; quería que el programa se basara en sus emociones y en su humor. No me interesaba hacerle gracia a una coalición o a la otra. Estábamos tratando de darle a la pelota justo en el centro.

Curiosamente, no encontré mi inspiración en el béisbol, sino en el fútbol, exactamente en el fútbol del equipo de Notre Dame. Hay un letrero encima de la puerta de entrada que conduce a los Irlandeses Combativos hacia la cancha, que dice: "Juega hoy como un campeón". Ésa era mi meta: ser los campeones de nuestro espacio de programación, luego de la noche, luego de toda la cadena. Con ese propósito contratamos a un equipo fantástico.

Constance Marie (mi esposa, Angie) es una belleza de pelo os-

curo y grandes ojos pardos. Nos conocemos desde hace unos diez años, desde la época en que yo estaba tratando de sacar adelante un tipo de comedia de pareja. La primera vez que nos encontramos, acabamos improvisando durante veinte minutos, y aquello fue asombroso. Sólo volvimos a actuar en contadas ocasiones, hasta que llegó el momento de buscar la actriz para el papel de mi esposa. Ann y Mary Buck, una importante directora de selección de reparto, batallaron porque fuera Constance hasta que ella consiguió el personaje. Su vida ha tenido sus triunfos y sus conflictos, y yo respeto su carrera y la forma en que no sólo está encontrando su propio camino, sino prosperando también en el trayecto.

Belita Moreno (mi madre, Benny) es una magnífica actriz, mucho más joven de lo que luce (ella *exigió* que dijera esto) y parece haber estado canalizando el espíritu de mi abuela durante varios años. El público se ríe mucho con ella, y ella se gana todas esas carcajadas porque es, sin duda, la actriz más completa de nuestro programa. Si en el *show* aparece un bolso, Belita quiere saber de dónde salió, cómo lo fabricaron, con qué tipo de hilo lo hicieron. Yo le digo, Belita, es un *bolso*, pero ése es su método, y funciona.

También siento mucho respeto por Masiela Lusha (mi hija, Carmen) y por Luis García (mi hijo, Max). Ambos han avanzado muchísimo en sus carreras, así que a estas alturas las cabezas se les podrían haber inflado tanto como la mía —*oh, Dios mío*—, sin embargo, son dos de los chicos más brillantes, talentosos y con más sentido común que conozco. Junto a Valente Rodríguez (mi mejor amigo, Freddie), que se roba prácticamente todas las escenas en que participa, todos estamos dejando nuestra huella.

Por eso, cada vez que llego al *set* la noche del programa, ruego por un poco de suerte irlandesa. Me recuerdo a mí mismo que tengo que jugar como un campeón, al tiempo que me digo: "Éste es el número uno… número dos… número tres".

Debutamos el 27 de marzo de 2002. Los cuatro primeros fueron programas accidentados, por no decir algo peor, *shows* en progreso con diez escritores nuevos, un elenco que comenzaba y cuatro directores diferentes. Todos los programas exitosos tienen un cierto ritmo, una visión y una voz, y al principio nos fue difícil encontrar los nuestros, pero afortunadamente logramos suficiente teleaudiencia como para que nos dieran una oportunidad en la programación del otoño. En esto ayudó que cierta actriz muy famosa y con un corazón de oro se brindara como estrella invitada durante cuatro semanas en los conteos de teleaudiencia de noviembre para hacer el papel de "Accidente Amy", una aturdida compañera de trabajo que, según Sandy, era "una persona entusiasta con un ligero problema de percepción".

<u>SE VAN ENCENDIENDO LAS LUCES: FECHA
SOBREIMPUESTA (AGOSTO 2001)</u>

<u>GEORGE, EN UN SEDÁN CON COMPARTIMENTO SEPARADO
PARA EL PASAJERO, ESTÁ SALIENDO DEL AEROPUERTO
DE HOUSTON CON DESTINO A UNA PRESENTACIÓN COMO
COMEDIANTE, CUANDO SUENA EL TELÉFONO MÓVIL.</u>

EFECTO DE SONIDO: TIMBRE DEL TELÉFONO

> GEORGE
> Aló.

<u>HELFORD, EN SU OFICINA DE WARNER BROS.</u>

> BRUCE
> ¿Estás sentado?

> GEORGE
> Sí.

BRUCE
Felicitaciones. ABC acaba de decidir
sobrepasar los cuatro episodios y
comprometerse con trece semanas.
(Pausa) Ya tienes tu show.

GEORGE, QUE SE HA QUEDADO PASMADO, MIRA POR LA
VENTANA HACIA FUERA CON LÁGRIMAS EN LOS OJOS.

GEORGE
Wow. (Pausa) ¿De veras, Bruce?

BRUCE
Debes estar realmente feliz, hombre. Pásala bien.

GEORGE CUELGA EL TELÉFONO MÓVIL Y MIRA A LA ÚNICA
OTRA PERSONA EN EL CARRO, SU CHOFER, QUE LO
OBSERVA POR EL ESPEJO RETROVISOR.

GEORGE
Oye, amigo, voy a tener un programa en ABC.

EL CHOFER NO RESPONDE, PERO ANTES DE VOLVER LOS
OJOS NUEVAMENTE A LA CARRETERA, MIRA A GEORGE
COMO DICIENDO: "ESO VA A SER UN DESASTRE... ",
MIENTRAS NOS VAMOS A UN:

SE VAN APAGANDO LAS LUCES.

Nos dieron un espacio que todos quieren: los miércoles a las ocho y
media, después de *My Wife and Kids*, con Damon Wayans, para comenzar la primera semana de octubre. Ya la última semana éramos

la comidilla del pueblo. Éramos el programa con mayor audiencia en nuestro espacio de tiempo y estábamos atrayendo doce millones o más de televidentes por semana, la mayor parte de los cuales *no* eran hispanos. Periódicos importantes se hacían eco de nuestra creciente popularidad. *People* nos colocó entre los más populares. De pronto, esa matica que luchaba por atravesar la resquebrajadura de la acera, estaba atravesándola. *El primer programa de comedia latino exitoso en una cadena de televisión desde Chico and the Man.*

Los ejecutivos de ABC vieron las cifras y empezaron a llamar al *show* "una nueva voz" y "una versión innovadora" de la comedia familiar. Y gracias a guiones como "Who's Your Daddy", "Token of Appreciation", "Profiles in Courage" y "Guess Who's Coming to Dinner"[1], seguimos haciendo lo que Sandy llama "traspasar las barreras": tratar temas que van desde los estereotipos raciales hasta la búsqueda de mi padre, desaparecido desde hacía años. Captamos la atención del país —y la mantuvimos—, al tiempo que recibíamos elogios de la comunidad latina, conocida por lo difícil de complacer que es.

Apenas dormía. Quería hacer pedazos cada estereotipo latino y elevar el nivel de nuestro programa para cada escritor, productor y ejecutivo anglo que piensa que, como su doméstica está haciendo tan buen trabajo con *Cole,* él puede escribir un *show* que los latinos van a encontrar interesante. Somos una prueba de que el conjunto de un reparto, independientemente de su credo o color, puede sacarle el jugo a esta "rica veta de tristeza", como la llamó *The New York Times,* y tener éxito.

Como sucedió con *"This Old House"*[2], un programa escrito por el mordaz Rick Nyholm que filmamos en noviembre de 2002. En otro vano intento por lograr que mi abuela me ofreciera aunque fuera

1. "¿Quién es tu papi?", "Señal de aprecio", "Perfiles de coraje" y "Adivina quién viene a cenar".
2. "Esta casa vieja".

una pizca de aprobación, yo le remodelé por completo el baño, un ejemplo perfecto no sólo de sacarle el jugo a esa veta, sino también de aprovechar los momentos.

(SEÑALANDO EL BAÑO)

GEORGE
¿Sabes por qué hice todo esto? Para lograr
que me dijeras "gracias". Pero me di cuenta
de que hay muchísimas cosas por las que yo nunca
te di las gracias.

(CON DIFICULTAD)
Sé lo difícil que fue criarme sola. Gracias por tus
sacrificios, gracias por cuidarme cuando estaba
enfermo, gracias por ser mi mamá y mi papá al mismo
tiempo. Gracias por todas las cosas que ni siquiera
sabes que hiciste por mí.

(LUEGO)
Bueno, ¿tienes algo ahora que decirme?

BENNY
Caramba, ya era hora.

GEORGE
De verdad que no lo entiendes, Mamá. Mira, yo me abrí
contigo y eso me hace sentir bien. Ahora te toca
a ti abrirte.

BENNY
Okey. Pero me va a ser difícil... Me gustan las
películas donde hay perros que hablan.

GEORGE
Mamá, lo que estoy esperando es una
palabrita. Dos si dices "_____ _____,
George". O puedes decir "George, _____
_____". Es sólo una palabra.

BENNY
Adiós.

Y más adelante, en el Segundo Acto, Escena E, viene la palabra
que tanto ansías escuchar… en el preciso momento en que estoy listo
para destruir el baño.

BENNY
¡Gracias por la maldita taza! Ahí la tienes. ¿Estás
contento? ¿Es eso lo que querías?

GEORGE
Sí. ¿Fue tan difícil?

BENNY
Sí. No tengo mucha práctica en esto. ¿A quién tengo
que darle las gracias por haber dejado la escuela
a los quince años para ir a trabajar en una fábrica?
¿A quién tengo que darle las gracias por haber
quedado embarazada a los dieciséis? ¿A quien tengo
que darle las gracias por haberme sentido de
sesenta y ocho cuando tenía veinticinco? Pero
gracias a Dios que sé a quién tengo que darle las
gracias por darme una taza de inodoro con cojín.

(GEORGE VA HASTA DONDE ELLA ESTÁ. PAUSA BREVE.
BENNY VA HASTA LA BAÑERA Y SE SIENTA EN EL BORDE.
PAUSA BREVE)

GEORGE
Te quiero, Mamá.

BENNY
Gracias.

<u>(LUEGO DE UNA BREVE PAUSA)</u>

GEORGE
Te abriste.

BENNY
No, no me abrí.

GEORGE
Oh, sí, claro que sí.

BENNY
No, no me abrí.

GEORGE
Estoy seguro de que lo hiciste.

BENNY
¿Sabes una cosa? Pusiste la jabonera demasiado
lejos de la ducha.

GEORGE
Pero es que eso es un cenicero.

BENNY
¿De veras? Qué bueno. ¿Sabes qué? Eres un hijo
bastante bueno.

GEORGE
Gracias.

BENNY
Te das por vencido demasiado rápido.

(A MEDIDA QUE SALE, NOSOTROS:)

SE VAN APAGANDO LAS LUCES.

Fue gracias a momentos como ésos que los críticos desde *The New York Times* hasta *Los Angeles Times* y *The Wall Street Journal* comenzaron a interesarse. Comedias como las nuestras, dijo *The New York Times*, por fin "reflejan la fluida y fragmentada realidad del hogar moderno estadounidense".

Eso me gustó.

Y aun me gustaron más nuestros niveles de audiencia. Pasamos a la lista de los veinticinco *shows* más vistos. Nos sintonizaban hasta en el pueblito más típicamente americano.

Súbitamente, al mes de nuestro período de trece semanas, me llamaban el "salvador" de los miércoles en ABC. Y estaba a punto de recibir un espaldarazo aun mayor por parte de la cadena.

SE VAN ENCENDIENDO LAS LUCES:

INTERIOR DEL CAMERINO DE GEORGE EN WARNER BROS. DIVERSAS FOTOS. ALTAR DE PRINZE Y PRYOR. GEORGE TRABAJA EN SU COMPUTADORA PORTÁTIL.

EFECTO DE SONIDO: TOQUE EN LA PUERTA

GEORGE
Adelante.

(ENTRA BRUCE HELFORD)

BRUCE
Sólo quiero contarte lo que está pasando. Te van a dar muchísimo poder, el máximo de poder. Vas a tener más poder que yo. Más que Warner Bros. Más que ABC, porque van a tratar de complacerte en todos los sentidos. Por eso debes asegurarte de que no vas a abusar de ese poder. Asegúrate de que eres amable con los escritores y amable con el equipo técnico y con el elenco. Algunas personas cometen errores, y es importante que te mantengas puro y genuino.

EFECTO DE SONIDO: SUENA EL TELÉFONO

GEORGE
Aló.

(TOMA CERCANA DE GEORGE. HABLANDO POR TELÉFONO)

CORTE AL INTERIOR DE LA OFICINA DE LA JEFA DE LA DIVISIÓN DE ENTRETENIMIENTO DE ABC, SUSAN LYNE.

SUSAN
George, sólo quería decirte que vamos a transmitir el show para los segundos nueve.

CORTE A: (TOMA CERCANA DE GEORGE, CON LÁGRIMAS EN LOS OJOS MIENTRAS CUELGA).

Cuando regresé al set llamé a todo el elenco y al equipo técnico, casi sin poder contener mis emociones. Los "segundos nueve" quería decir que ABC se comprometía a presentarnos durante una temporada entera —veintidós episodios.

Peter Roth, el presidente de Warner Bros., estaba a mi lado y habló primero.

—La verdad del asunto es —comenzó—, que lo que hace de esto algo tan especial, tan valioso, tan extraordinario, es que éste es el primer programa de comedia latino que ha sido tan exitoso. Ustedes han hecho historia y se deben sentir muy, muy orgullosos de eso. En segundo lugar, de parte de nosotros, los que observamos desde torres de marfil, los programas están tan excelentemente bien hechos, tratan de *algo*, la calidad de su ejecución es de lo mejor que he visto, y eso se refleja en el público que los apoya. Y lo que está sucediendo es que ustedes tienen la audiencia de la comedia familiar que ocupa el lugar Número 1. Es un logro asombroso. Felicitaciones.

Ahora le llegó la hora al Llorón.

—Todo el mundo ha apoyado el *show*, desde los ayudantes de transmisión hasta los asistentes de los escritores, hasta todo el mundo en la oficina, hasta el tipo tatuado que hace las entregas; todo el que viene a trabajar para convertir el programa de *George Lopez* en un éxito; y yo, George López, quiero decirle a cada uno de ustedes que los quiero, y muchas gracias, gracias por hacer mi sueño realidad.

Como nuestro país parece que no se cansa de apostar, si piensas en las finanzas de la televisión producida por las grandes cadenas como una gigantesca máquina tragamonedas, entenderás por qué ese compromiso de Warner significa tanto.

Cada año los estudios se lanzan arriesgadamente a apostar con los programas. Por ejemplo, Warner Bros. Television financia aproximadamente cinco nuevas comedias de media hora al año, con un promedio de trece episodios por serie. Eso suma sesenta y cinco episodios a unos $250,000 ó $300,000 por *show*. Para los que son torpes con las matemáticas, eso es igual a unos $20 millones dedicados solamente a la sección de comedias cada temporada.

Ahora, tira de la manigueta del tragamonedas cinco veces. Haz una apuesta, una apuesta enorme en cada una de esas nuevas come-

dias, y ése es el riesgo que está tomando Warner. La recompensa —y es grande— se produce si uno o dos de esos tirones dan con el premio mayor: la mágica marca de ochenta y ocho episodios para *syndication*[3] que significa riquezas para todos. El resto son sólo una larga línea de frutas diversas.

¿Y cuánto se gana por las retransmisiones? Muchísmo. *Friends* ganó alrededor de *mil* millones en su primera ronda de retransmisión; *Who's the Boss,* con Tony Danza, alcanzó alrededor de $600 millones la primera vez que se retransmitió. Lo básico: si tu programa se va a retransmitir y tú posees un buen trozo de él, ganas.

No vayan a reírse cuando digo esto, pero para mí no se trata del dinero (bueno, ríanse un poquito). No me pongo a holgazanear y lo desparramo encima de la cama, soñando con que nunca voy a tener que volver a trabajar. Después que nos renovaron para una tercera temporada en 2002–2003 —veintidós episodios más— yo no pensaba en otra cosa que en el cuarto año, luego en el quinto, luego en el sexto, luego en el séptimo… porque he trabajado demasiado duro como para dejarlo ir ahora. A los actores de mi programa les digo que ninguno de ellos ni sus inseguridades o exigencias, ni su falta de profesionalismo, me va a afectar. Voy a eliminar sus personajes de mi *show*. Así es la cosa, hombre. Nadie se va a interponer entre yo y mi *show*. Sé que no tengo una segunda oportunidad.

—Tú no *entiendes* —le dijo Bruce una vez a un actor que había llegado sin prepararse—. Esto es la *vida* de George. Así que cuando tú le faltas el respeto al *show,* te estás metiendo con su vida. Tú no tienes idea de hasta qué punto este tipo está dedicado al programa.

3. *Syndication*—Procedimiento típico de la televisión estadounidense mediante el cual programas, series y episodios ya transmitidos por una cadena nacional se venden directamente a estaciones independientes para su futura retransmisión. (N. del T.)

Hace un rato hablé de los "fantasmas" de la comedia. Bueno, en Warner Bros. Television, y sobre todo en nuestro hogar, el Estudio de Sonido 4, las influencias parecen más visibles y concretas. *42nd Street* fue la primera película que se rodó aquí, en 1933, seguida, en parte, por Casablanca en el 1943, *My Fair Lady* (1964), *All the President's Men* (1976) y *Blade Runner* (1982).

Además, la compañía Malpaso Productions, de Clint Eastwood, ocupa la Casa 16, al cruzar nuestra callecita; George Clooney y el director Steven Soderbergh comparten la Casa 15, al lado. *ER* se rueda en un cavernoso estudio a menos de cien yardas de mi camerino; Candice Bergen y el elenco de *Murphy Brown* usaban el estudio 4 para su estelar programa.

Dondequiera que miro estoy rodeado de personas dedicadas a su profesión. Y no me refiero solamente a Clint o a George, sino también a los carpinteros, los pintores, los estilistas de peinado y de maquillaje, los escenógrafos, muchos de los cuales dependen de mí para alimentar a sus familias.

Aunque no lo crean, el presupuesto para nuestra temporada 2003–2004 fue de más de $30 millones. Siempre hay más de 125 personas, incluidos cuarenta y cinco que laboran permanentemente, trabajando en el programa. Así que cuando hablo de una "familia", eso es exactamente lo que tenemos aquí, y yo asumo con mucha seriedad mi papel de cabeza de familia. Dije desde el principio que quería producir una situación que fuera buena para el *show*, para toda la *familia*. No se trataba de exponer mi talento, sino de crear un ambiente, una dinámica familiar, que permitiera que los demás prosperaran también.

SE VAN ENCENDIENDO LAS LUCES:

EXTERIOR. HOYO 19. CAMPO DE GOLF DE ALTA CATEGORIA—POR LA TARDE. GEORGE, JOHHNY EL GUARDIA, VERN Y BARRY, QUIENES SE ENCARGAN DE LAS COMIDAS Y BEBIDAS EN EL *SET*.

(PLANO AMPLIO QUE DEJA VER UNA RIFA CARITATIVA PARA EL CLUB DE NIÑOS Y NIÑAS DE DISNEY, GEORGE ES EL ANFITRIÓN).

GEORGE
¿Quién da más por este palo de golf Big Bertha, con una cabeza que parece tan grande como la mía?

VOZ EN EL PÚBLICO
Setenta y cinco

GEORGE
Ciento veinticinco

(MIRANDO ALREDEDOR)
A la una, a las dos, a las tres, vendida a... mí.

(MÁS TARDE, GEORGE PASANDO EL TIEMPO EN EL BAR JUNTO A GENTE DEL *SHOW*. VERN TIENE LÁGRIMAS EN LOS OJOS.)

VERN
Nadie jamás ha hecho eso por mí.

GEORGE
Vamos, Vern.

VERN
No, hombre. Estoy pasando por un momento difícil. Sólo quiero darte las gracias.

GEORGE
Así es como se hace, Vern.

Sí, a veces ser el cabeza de familia conlleva pagar seis-
cientos dólares por una partida doble, y pasar un rato
con Johnny, el guardia, el doble de Valente y Barry,
que se ocupa de la comida y la bebida en el *set*. O tomarse un descanso
durante un largo día de trabajo y charlar con "los que se ríen", el variado grupo de personas que llegan todos los miércoles para que les
den comida y café gratis a cambio de estar sentados pacientemente
durante horas y reírse cuando se les indique.

La gente me dice: "George, nadie habla con los que se ríen".
Bueno, yo lo hago.

OTRAS VOCES—SANDY BULLOCK

*¿Cuánto ha influido en mí el programa? Desde el punto de vista
de productora, me ha hecho sentir tan orgullosa el haber podido encontrar un talento que pocos conocían, dar con el atleta cómico más
increíble y verlo volar de esta manera, ver en los periódicos cosas
como, "la televisión tiene un nuevo rostro".*

*¿Cuánto hizo por mí personalmente? Yo había llegado a una
etapa de enorme cansancio con mi carrera y no tenía muchas ganas
de continuar en el negocio. Sí, quería continuar involucrada en el
proceso creativo, pero no quería estar frente a la cámara, cargar con
toda esa responsabilidad. Pero después de ver a George y a Constance y a Belita, a todo el elenco, de verdad que ellos, como actores,
me han motivado como actriz, al ver la reacción del público, el sentido de orgullo que tienen estos actores; eso me ha inspirado creati-
vamente. A pesar de todo el éxito, no se han olvidado de cómo
llegaron a donde están: como George, que cada vez que sale ante el
público antes del show, agarra el micrófono y hace un poco de su*

*acto de comedia, y luego, siempre, siempre, siempre, trae
a alguien del equipo técnico, o a alguien que ha sido su
amigo durante quince años y que por casualidad se encuentra entre el público.*

*A diferencia de la mayoría de los actores, George
es tan agradecido, tan sensible, y para mí significa
mucho saber que no creé un monstruo. Es un actor y comediante
maravilloso, pero es aun más maravilloso como ser humano. Tiene
algo en él, una* invencibilidad, *no, esa no es la palabra correcta,
esa* resistencia, *porque ha tenido que aprender a sobrevivir desde
tan pequeño, de una forma en que ningún niño debería nunca tener
que aprender. Debido a eso él es más valiente que la mayoría de los
otros actores, el equipo técnico lo siente, el elenco lo siente, Bruce lo
siente, todos lo sentimos.*

Entonces, ¿quién está llorando ahora?

Sin duda los que murmuraron que no duraríamos más de
cuatro episodios. Ahora la cuenta está a nuestro favor. Hace tres
años éramos uno más entre veintiuno. Ahora somos uno entre
solamente siete programas considerados lo suficientemente sólidos
como para encabezar una noche. En 2002 me senté yo solo en un
evento de ABC para los anunciantes y salí a escena después de Damon
Wayans y Tisha Campbell. Este año, en el mismo tipo de evento,
llevé a todo el elenco y salimos a la escena del Radio City Music Hall
como líderes de la programación de la noche del viernes. Incluso
si me cancelan mañana, ésa es una de las cosas que puedo llevarme
conmigo.

Yo no creo, sinceramente, muchas de las cosas que están sucediendo en mi vida en estos momentos. Todo se mueve tan rápido:
un papel principal en *Real Women Have Curves,* una película impac-
tante y aclamada por la crítica; una invitación, que muchos quisieran

recibir, de Clint Eastwood para jugar en el torneo AT&T en Pebble Beach; el galardón de "Sello de Aprobación" del Parents Television Council[4]; un importante programa especial de concierto para Showtime; una nominación para el Grammy por mi CD *Team Leader*. A finales de 2003 hasta fui el presentador de "Grandes momentos de la televisión en 2003" para *TV Guide*.

¿Mi mejor momento? Un candidato sería, sin duda, cuando a principios de 2004, Disney encargó seis episodios más del programa, elevando nuestro total de temporada a veintiocho, y a un total de cincuenta y seis en tres años.

Otro candidato tuvo lugar un par de meses antes. Como se sabe, durante mucho tiempo un cierto grupo muy innovador ha sido mi ídolo musical, y como tributo a ellos les pedí a los muchachos de WAR que vinieran al *set* para que tocaran "Low Rider" en el programa final de nuestro primer año de temporada completa. Originalmente el guión indicaba que todo el elenco bailara. Pero mi amigo Frank Pace, quien ha ayudado a producir *shows* como *Suddenly Susan* y *Head of the Class,* sugirió una versión más emotiva.

—No dejes que todo el elenco baile —me dijo—. Debe girar alrededor de ti, de tu lucha, de tu historia. Aprovecha tu momento, hombre.

Así lo hice, fingiendo que tocaba la batería con la banda. Y qué momento fue ése.

Pero mirando retrospectivamente, el mejor de todos probablemente llegó en diciembre de 2003. Mi momento más maravilloso en televisión comenzó en el área junto al estudio donde se graban los exteriores en Warner, una de esas indescriptibles mañanas del sur de California. El equipo técnico estaba preparando el escenario para nuestro programa de la semana de Navidad. Los escritores, que habían

---

4. *Parents Television Council*—Organización nacional sin afiliación política que lucha por proteger a los niños contra el exceso de escenas de contenido sexual, de malas palabras y de violencia en la televisión. (N. del T.)

celebrado con tragos hasta tarde en la noche, corrían de un lado al otro en un improvisado partido de fútbol. Y yo, ya vestido para el *show,* los miraba mientras fumaba un puro cubano.

Dando bocanadas de humo, me sentía orgulloso como un papi. Por fin, los escritores se cansaron y terminaron el partido. Uno a uno se quitaron las camisetas sudadas y entonces se pusieron orgullosamente otras camisetas con el nombre de nuestro *show* en el pecho, mi nombre.

Yo, que nunca había celebrado muchas cosas, me quedé ahí de pie, vestido como el viejito Santa Claus, pensando, *Feliz Navidad, Santa, por darme un regalo, un momento, que nunca se termina.*

LLEGÓ LA HORA

Los mexicanos siempre llegamos tarde. Si quieres molestar a alguien, llega temprano.

Cuando los anglos llegan tarde, te dicen:

—Oh, my God, cuánto lo siento. Tengo una nota del patrullero. En la carretera hubo un accidente enorme con un camión de carga que se dobló en dos. Cuáaanto lo siento.

¿Nosotros? Llegamos más tarde que tarde y todo el mundo está enojado.

—Oye, ¿qué onda? ¿Por qué todos están enojados? Estás enojado conmigo, cabrón, y yo acabo de llegar… ¿Que por qué llego tarde? Yo pensé que tú ibas a llegar tarde, por eso llegué tarde.

¿Por qué siempre llegamos tan tarde? No estoy seguro. Probablemente porque creemos que llegar a cualquier sitio demora quince minutos.

—¿Dónde vas? Bakersfield… unos quince minutos. Llegas al Grapevine en unos ocho minutos. No necesitas gasolina; no más llega hasta arriba, ponlo en neutral y deja que el carro vaya bajando solo…

Otra razón por la que siempre llegamos tarde es que ningún reloj de la casa funciona. Todos necesitan baterías.

—¿Qué tipo de baterías, Abuela?

—No sé, la a-a. Necesito la a-a. Dos a-a para el relojito

de Mickey Mouse, y cuatro aaaas para mi linternita. Así puedo ver por donde voy...

Nuestro reloj era el televisor.

—Abuela —yo le preguntaba— ¿a qué hora tomas tu medicina?

—Cuando la Jueza Judy es que tomo la medicina. Pero un día no pude encontrarlo, mira.

—¿El control remoto?

—¡El alicate! No pude encontrar el alicate. Para cambiar de canal. Alguien se llevó el alicate, no sé dónde lo pusieron. Quien usó el horno no volvió a poner el alicate encima del televisor.

Sí, podías estar jugando feliz en el patio y de pronto oyes:

—¡Jorge!

—¿Qué?

—Pon el canal cinco.

Enseguida estás parado al lado de la pantalla, con el alicate en la mano.

—No te muevas. Quédate ahí de pie. Ahora viene Matlock. Quédate ahí de pie. Vira la cara hacia un lado. Vira la cara, vírala hacia un lado.

El microondas era nuestro otro reloj.

—Cabrón, vete a la cocina y mira a ver qué hora es.

Entonces entras, miras el número sin pensarlo y gritas:

—¡Catorce!

—¡Cabrón, léelo!

—Ya lo leí... Te dije que es catorce.

¡Cabrón, aprieta Clear! ¡Idiota, aprieta Clear!

DIVERSIÓN DE VERANO

Terminamos de filmar la segunda temporada del *show* en abril de 2003, y todo el mundo dijo, "George, te ves cansado, asegúrate de tomarte un descanso. Date un masaje. Toma algunas multivitaminas. Duerme más, date algunos faciales".

¿Saben lo que dije? Chinga, me voy a Abilene… y a Austin… Albuquerque… Denver… Amarillo, Laredo, San Angelo, El Paso… y a media docena de otras ciudades.

Para mí, diversión veraniega no es estar tirado en la playa durante dos o tres meses, o volar a Hawai para tomarme esas vacaciones "que tanto necesitas". Para mí, diversión veraniega es salir a presentarme en varias ciudades para pulir mi acto y perfeccionar cualquier punto débil. Más que cualquier otra cosa, mi gira anual de verano —y las presentaciones de fin de semana por el estado— me ayudan a mantener mi sentido de la realidad, a conectarme lo más posible con la gente que mira mi programa, que compra mis CDs y que me envía cientos de mensajes electrónicos a georgelopez.com, como el siguiente *e-mail:*

> Por fin, alguien con quien los chicanos nos podemos relacionar. ¡Me encanta tu comedia! Estaremos en el primero de tus dos conciertos de esta noche en Phoenix. Estamos contando los minutos.

Y éste:

Quisiera felicitarte por tu éxito como
comediante hispano. Te vi por primera vez
cuando estuviste en el *show Qué Locos,*
luego mi mejor amigo me puso tu CD *Right
Now Right Now,* que es comiquísimo. Por supuesto, tuve
que compartirlo con mis compañeros de trabajo en
Home Depot, sobre todo la parte de Holmes Depot.
Me encantaría verte en persona. Tal vez pueda hacerlo
cuando vengas a San Diego

Y éste:

George López es lo que significa ser chicano.
George, fuiste tú quien mejoró la televisión y la hizo más
popular en el hogar de muchos mexicanos con tu *show.*
Aspiro a ser comediante, pero realmente no sé cómo
comenzar. Considero que las personas como tú abrirán
las puertas para los chicanos jóvenes como yo. Ojalá que
pueda conocerte algún día y hacerte reír.

Y éste:

Qué bueno ver que eres un genuino activista de la
comunidad hispana. Necesitamos más como tú. Continúa
tu excelente labor y no dejes de hacer tus presentaciones
como comediante ¡Cómo disfruto tus conciertos!

Por esto es que hago giras, por qué todavía sigo haciendo mis
monólogos de comedia. Sí, es maravilloso ganar mucho dinero, aun
más ahora que sé que no lo necesito para alimentar a mi familia. Pero
lo que siempre me ha estimulado más es el romper las barreras. Y no
sólo la que decía: "Los cómicos latinos no atraen público" (tres noches seguidas con un público de 6,500 personas en el Universal Amp-

hitheatre cerca de Los Angeles, en octubre de 2003, acabaron con ese mito), sino también la barrera entre tú y yo. Como lo dije al principio, soy tan real y tan trágico como cualquier otra persona. Ya no me siento avergonzado por esa afirmación; al contrario, eso es lo que me da fuerza. En los conciertos, esa fuerza se amplifica, trasciende la diminuta cajita llamada televisión de una manera mucho más personal y poderosa. Sí, me encanta hacer reír a la gente. Pero tanto como eso, me gusta hacerlos sentir *fuertes y llenos de poder.*

Así que con eso en mente, iniciamos una gira bajo el nombre de "Líder del Equipo": quince ciudades, a teatro lleno, en dieciséis días, viajando en un autobús Big Red, con Big Charlie, de Nashville, en el volante, y acompañado por Ron y el comiquísimo Lowell "Man Overboard" Sanders, mi buen amigo que desde hace tiempo abre mis presentaciones. Comenzamos en el KIVA Auditorium, en Albuquerque, la primera semana de junio, antes de seguir hacia Colorado para ofrecer un par de conciertos, seguidos de doce días de presentaciones en ciudades del centro de Texas.

En su forma más pura, el acto clásico de un monólogo de comedia es comparable a un automóvil clásico. Cualquier comediante medianamente bueno puede subir a un escenario y captar la atención del público durante diez minutos. Pero, ¿qué me dicen de veinte? ¿O treinta? ¿O sesenta? ¿O ciento diez minutos, que es lo que marca el punto blanco de mi reloj de buzo para cada *show* importante?

Cuando estás en las talentosas manos de un Prinze, un Pryor, un Rock, un Williams, un Newhart, un Foxx o un Buttons —por nombrar sólo unos cuantos— ese tiempo, sencillamente vuela. Estás sentado en el asiento trasero de un automóvil lavado, pulido y con un brillo perfecto, de gran diseño y estilo, sin movimientos inútiles ni paradas o arranques fuera de tiempo. No más el mero placer de conducir, o de oír.

Nuestro primer espectáculo en Nuevo México fue más Ford que Ferrari. Ya la segunda noche, en Greeley, Colorado, sentí que mi motor zumbaba, pero pronto, en Abilene, tropecé con un saliente bastante grande en el camino: para mi gran sorpresa, Abilene resultó ser

una rígida comunidad conservadora y profundamente cristiana.

Una señal indicadora de cuán conservadora es nos la ofreció Donnie, el encargado del campo local de golf. Antes de que Lowell y yo saliéramos a jugar la mañana siguiente, allí estaba Donnie arrastrando lentamente las palabras:

—Los voy a veeer esta noooche. No van a decir nada prooofano, ¿verdad?

Pero luego agregó:

—Bueno, no me importa si lo dicen.

Después pensé: él no habría preguntado eso si la prooofanidad no lo molestara. Eso me hizo pensar en la chica del hotel que nos había llevado al campo de golf: dijo que iba a ir con sus padres. Cinco años antes, yo jamás habría captado esas señales. Y si me hubiera imaginado que al público no le iba a agradar escuchar algunas palabrotas, me hubiera aturdido en el escenario. Ahora no. He descubierto que actualmente puedo ofrecer un *show* de categoría PG-13 —una versión limpia de una familia disfuncional— sin sacrificar muchas carcajadas. Es esa comedia tipo jazz de la que hablé: a veces actúas en clubes llenos de humo en Greenwich Village donde todo se tolera, y a veces actúas de manera convencional en el Civic Center de Abilene. Es todo un arte.

Y funcionó. Absolutamente todo. *Quedó perfecto.* Hice una hora y treinta y cinco minutos en Abilene, pasándome de ese puntito blanco en mi reloj y jamás vacilé.

Después de la presentación en Abilene, llegamos a Austin alrededor de las tres de la mañana, con Charlie al volante. Pasé la mayor parte del viernes en la Suite Presidencial del Four Seasons, mirando golf en el televisor. Seis años antes yo estaba en el Residence Inn local, pensando ansioso en que esa noche iba a enfrentarme a un salón casi vacío en el Capital City Comedy Club. Esta noche sabía que 2,200 personas iban a llenar el Paramount Theatre, la mayoría del público espléndidamente vestido, una muestra de cómo esta vibrante ciudad con industrias de alta tecnología había prosperado hasta convertirse en un bastión cada vez mayor de latinos influyentes.

Tal vez demasiado vibrante, porque antes de que yo saliera a escena para el *show* de las ocho de la noche, a Lowell lo abuchearon con sonidos de cloqueos de gallina. Cuando me enteré que tres o cuatro grupitos estaban turnándose para abuchear e interrumpir su actuación, me enfurecí. Tanto, que corrí en calcetines tras bastidores para decirle a Robin Tate, nuestra magnífica promotora de espectáculos, que 1,100 personas habían venido a ver este *show* y que Lowell Sanders era parte integral de él. Y que esas bestias tenían dos opciones: o cerraban el pico o se iban al carajo.

Ahora ya sé cómo manejar a un público pendenciero, y esto es lo que he aprendido: no dejes que empiecen. Quien me interrumpa se va a encontrar enseguida con el *George de la calle*. Me pongo como mi abuela, malo. Por ejemplo, en noviembre de 2003, tuve un verdadero problema con una audiencia en San Diego y paré la función. Para empezar, esa noche yo me sentía muy tenso, aún estaba impresionado por la muerte súbita de mi buen amigo y colega de ABC John Ritter; continuaba dudando si hablar o no de la semana de horrendos incendios de maleza que todavía estaban ardiendo por todo el condado de San Diego; todavía me sentía inquieto por la guerra en Irak. Decidí no hacer ninguna referencia directa a los incendios ni a las tropas, sino colgar una enorme bandera de Estados Unidos detrás de mí en el escenario. Esa fue mi declaración. Luego, en una segunda función, comencé a hablar de cuando iba a los juegos de los Dodgers con mi abuelo, y algunos fanáticos de los Padres que habían tomado demasiada cerveza y estaban en el público alzaron sus voces y empezaron a abuchear.

Me detuve. Yo no podía creer lo que estaba oyendo.

—Oigan —les dije—. Vine hasta aquí para verlos a *ustedes*. No lo

contrario. Diez millones de personas a la semana miran mi programa y ustedes me *abuchean.* Tenemos soldados que están muriendo en Irak y ustedes *me abuchean a mí. Váyanse a la mierda,* me voy de este chingado escenario ahora mismo.

Bueno, aquello funcionó. La multitud vitoreó. Y antes de que terminara la noche, San Diego demostró ser un público fantástico y la función fue memorable.

Gran parte de esa actitud proviene de un hombre. Él no le aguantaba mierdas a nadie. Richard Pryor también ha influido en otros aspectos de mi presencia escénica: muy frugal, sólo un micrófono, un pie para el micrófono, una mesa llena con unas cuantas toallas y botellas de agua y una silla de respaldo alto. Durante el transcurso de un concierto, ese pie para el micrófono será una lámpara, un niño, una pareja de baile, mi tío Ruddy y alrededor de diez otras cosas más. Además, lo físico de mi acto de comedia —más las voces, las miradas hacia el balcón para atraer al público— son, efectivamente, un homenaje a Pryor, el resultado directo de miles de horas estudiando la genialidad del Rey Richard.

Casi tanto como siempre quise haber conocido a Freddie, ansiaba conocer a Richard, y a finales de los noventa por fin tuve esa oportunidad durante una fiesta de premiación de Comedy Store.

Richard, que ha padecido de esclerosis múltiple durante mucho tiempo, estaba en una silla de ruedas, con esmoquin, y una enfermera lo cuidaba. Fui hasta la silla de ruedas.

—¿Puede oírme? —le pregunté a la enfermera.

—Oh, sí —me dijo.

Entonces me incliné hacia él y le susurré al oído:

—Quiero darle las gracias por haberme dado una vida nueva.

Comenzó a temblar y sus ojos se llenaron de lágrimas.

Los míos también.

Conozco a Richard mucho mejor ahora gracias a su esposa, Jennifer. Hace poco le regalé un radio de satélite XM, y lo escucha constantemente. Un día, Jennifer me agradeció el gesto con el envío

de un par de zapatos de colección Nikes de 1984, con "Richard" estampado en relieve en la parte trasera del tacón izquierdo y "Pryor" en el derecho. Hoy en día se encuentran bajo una urna protectora en mi camerino, junto con la tarjeta de Jennifer:

GEORGE, PARA QUE PUEDAS SEGUIR LOS PASOS DE RICHARD.

Lo cual, el 21 de febrero de 2004, fue exactamente lo que hice.

Habían transcurrido veinticinco años desde que Richard merodeó el escenario del Terrace Theatre en Long Beach y me lanzó ese salvavidas cuando me estaba ahogando en la autocompasión y la duda. Ahora, como parte de un programa especial de Showtime y un eventual DVD, yo iba a actuar en el mismo escenario en que había actuado Richard, ofreciendo lo que yo esperaba que fuese mi tributo más personal hasta ese momento. El plan era grabar las dos funciones, cada una ante 3,500 admiradores.

En el aire, el concierto comenzaría de la misma forma en que lo hizo Richard un cuarto de siglo antes. Una limosina llega al teatro, yo salgo de ella, con una libreta de notas en la mano, subo los escalones, y lo próximo que se ve —mediante un corte— es a mí en la escena. Lo único diferente en esta ocasión era el ramo de flores que estaba sobre una mesa. Horas antes ese mismo día, el ramo había llegado a casa con esta hermosa nota escrita a mano:

Quisiéramos haber estado allí, pero, como sabes, la presencia de Richard está en ese teatro. Él y yo estaremos en espíritu. Que tengas un *show* fabuloso. Cariños de Jennifer y Richard Pryor.

Bueno, déjenme decirles, señores. Si ustedes estuvieron allí, lo vieron. Vestido con un traje amplio y limpio color chocolate-pardo y zapatos de piel, los maté de la risa.

—*Saben, siempre estamos jactándonos de lo malo que pasa en nuestras vidas. Estamos tan hambrientos de atención que hasta nos jactamos de lo MALO que nos pasa. Como el tipo que dice, "Hazles el cuento de cuando te electrocutaste. Cuéntales, hombre, cuéntales".*

—*"Mira, tenía los pies mojados, y meto un enchufe en la corriente… Me levanto, eh, porque así soy yo, y siento que la 'letricidá me corre por todo el cuerpo, pero algo en mi mente le dijo a mis manos… porque yo estaba sosteniendo una cerveza, eh, y no derramé ni una gota".*

Cuando la 'letricidá ya me había recorrido todo, no me quedaba ni una onza de energía que ofrecer; la dejé toda allí. Te juro que a la mañana siguiente me sentía como si hubiera peleado diez encuentros con Roberto Durán en sus buenos tiempos —mano y dedo lastimados, nudo en el codo, dolor en la cadera— de lo física que había sido la comedia. Pero valió cada onza de dolor. Había material viejo, material nuevo, no tuve límites, no quedó nada. Nada, sino darle las gracias a Ann por su amor y su apoyo, y llamar a Sandy al escenario para que saludara.

De vuelta en Austin, Sandy estaba en la segunda función. Ella vive en esa ciudad y regresó luego a mi camerino junto con el director Robert Rodriguez y su encantadora esposa, Elizabeth Avellán.

—Magnífico *show* —me dijo Robert—. Una maravilla.

Él debe saberlo. El Mariachi, su héroe pistolero de guitarra al hombro, hizo historia en la pantalla antes de que llegaran sus películas de los *Spy Kids* y, más recientemente, *Once Upon a Time in Mexico,* con Antonio Banderas, Salma Hayek y Johnny Depp. Para mí, Robert es otro brillante ejemplo del poder y el orgullo chicanos. Esa noche en el camerino me contó cuánto tuvo que luchar y trabajar para financiar su primera película. Hoy en día, en su modernísimo estudio de producción cerca de Austin, escribe, dirige, filma y musicaliza sus películas bien lejos del ambiente de Hollywood.

En varios sentidos, San Antonio y yo hemos crecido juntos. He actuado en esa ciudad al menos veinte veces a lo largo de los años —la mayoría de las ocasiones eran funciones en un medio vacío River Center Comedy Club—, pero esta vez fue diferente: el éxito pleno de energía de la séptima ciudad más grande del país y una de las comunidades mexicoamericanas más grandes, era un reflejo de mi propio éxito. Era la única ciudad de importancia del país en la que *American Idol* no era el programa número uno en su espacio de tiempo esa temporada; una ciudad donde yo le ganaba. Y no por un pelo, sino por dos puntos completos en la escala de audiencia.

Ese sábado antes del Día de los Padres de 2003, yo produje algunas cifras impresionantes. Rompimos el récord de capacidad del teatro, llenando las tres funciones, casi un total de 7,000 asientos, incluida una función por la tarde. Eso es lo que somos San Antonio y yo.

No te voy a engañar. Me preocupaba el público de la función de la tarde. Calculé que a las 3:00 p.m., debido al éxito del programa de televisión, iban a venir muchas madres, padres, niños y abuelos, y tenía razón. Aquella parecía la misa de las diez de la mañana de la Primera Iglesia Bautista. ¿Y qué? Yo mismo me he doblado de la risa una o dos veces en la iglesia, así que quité un poco de chistes sobre sexo oral y bajé el tono de las palabrotas, y me preparé para uno de mis nuevos favoritos… el campesino sureño.

—*Saben, todos conocemos a estos campesinos sureños. Están por todo Texas… ustedes saben quiénes son. Sombrero grande. Botas. Cara curtida por el clima. La hebilla del cinturón aguantando una barriga que ya está en su tercer trimestre avanzado. Llaman "nachos" a los latinos.*

—Este campesino sureño está sentado en un restaurante popular, comiendo su desayuno, dándoles la espalda a un grupo de nachos que se ríen y hablan rápido en español.

—Entonces el Campesino Sureño dice, 'Bueno, allí están, habla, habla, habla'. Y se pone muy enojado. Sus amigos le dicen que se calme. 'No me importa', dice, 'Les voy a decir lo que pienso…'

—Y entonces se vira hacia ellos y les dice, '¡Por qué no aprenden a hablar correctamente!'

Cuando salí a escena para la función de las ocho de la noche, yo mismo me estaba sintiendo muy *correctamente,* en control absoluto desde el inicio. El público estaba arrebatado, aullando desde el momento en que aparecí, y actué a la perfección, improvisando, adornando, dejando que el oleaje subiera y bajara… esperando el momento justo para levantar de nuevo la ola antes de ofrecer dos o tres veces las expresiones características de G.Lo. *Memmer?… U Memmer!…* Hice pausas donde antes no me habría atrevido a hacerlas —no más observando y esperando, quizás añadiendo uno o dos gestos con las manos, como un pintor que da una o dos pinceladas de color a su lienzo— ajustando las cosas al instante, hablando desde un lado del cerebro, pensando en cómo terminar el chiste con el otro lado. Cuando me quedaban unos diez minutos para terminar, pienso, ¿qué es lo que no he hecho, qué tipo de cierre debo hacer? Ahí es donde esto se vuelve tan adictivo, tener el control absoluto del momento, sin que haya ni un maldito paso de separación entre uno y el público.

Así que me decidí por este final, perfecto para el estado:

—¿Han visto cómo los restaurantes mexicanos siempre llevan la palabra "border": Border Grill, Border Café, Taco Bell's Run for the Border. Pues eso no se lo harían a los negros. Como ponerle a un restaurante La Cocina de Kunta. O Grilletes. Ni se lo hacen a los blancos. No se ven cosas como La Parrilla del Blanco, ni El Barril del Sureño Tonto… ay, perdón, hay un restaurante que se llama así.

Por fin, a las doce y media de la noche, próximo a acabar mi tercer y último *show* del sábado, y luego de cuatro horas y media de actuación, me desplomé en la silla negra de respaldo alto, abrí las piernas y dejé que fluyera el amor. Ya no es bramido, es más bien un estruendo tumultuoso. Una muralla de sonido que comenzó en la parte más elevada del balcón, cobró fuerza y rebotó en el escenario, contra mi traje de $1,500, luego me atravesó el rostro y la piel, y finalmente se hundió profundamente en mi corazón. Allí se quedó y se unió a otra ola, y luego a otra, la multitud de pie decidida a no dejarme ir a casa.

Cuando pienso en eso, recuerdo la ocasión en que un entrevistador me preguntó:

—¿Cómo se evalúa usted con relación a otros comediantes?

Como el mejor, le dije. Empezó a reírse. Pero con el tipo de risa corta que yo no quería oír.

—Te parece divertido —le dije—. Mira, hombre, si ves a alguien que venda más entradas que yo, tráemelo.

Y aquí estoy. Mirando a más de 2,500 admiradores. Cuando se acaba finalmente el ruido, saludo inclinando la cabeza y alzo el brazo derecho. Entonces grito:

—¡Gracias, San Antonio!

Y la multitud estalla de nuevo.

Cuando todo terminó, Robin Tate, quien lleva mucho tiempo en este negocio y promovió la gira "Reyes de la Comedia", casi me tumba detrás del escenario.

—Jamás en veintiocho años —me dijo—, he escuchado un sonido como ese.

¿Sabes cuáles son los sonidos que más me gustan?

Los que llegan mucho después que se ha apagado la risa y estoy firmando autógrafos, o posando para fotos entre bastidores o en el

vestíbulo. Las palabras de una mujer que me abraza y dice que yo les doy "estímulo" a los latinos, y cómo, durante su tratamiento contra el cáncer, mis palabras la inspiraron aquí y allá... apuntándose a la cabeza y al corazón.

O el niñito con cáncer terminal tomado de la mano de su madre. La madre llorando al confesarme cómo sus compañeros de escuela atormentan a su hijo únicamente porque su apellido es latino.

—Dame un abrazo —le digo al niño, quien me da un abrazo muy fuerte. Luego, inclinándome hacia él, lo miro a los ojos.

—No dejes que eso te moleste —le digo—. ¿Me entiendes? Mírame. Piensa en mí cuando te estén diciendo esas cosas. Sé fuerte.

Luego me voy para mi camerino, cierro la puerta, y lloro.

COMIDA RÁPIDA LATINA

Sabes, nada refleja la forma en que se ha oscurecido el color de Estados Unidos como los restaurantes de comida rápida. Se acabaron los días del adolescente con la cara llena de granitos trabajando a tiempo parcial porque "quiero comprar un auto y tengo que pagar la mitad". En estos tiempos, esos chicos han sido reemplazados por latinos que creen que trabajar en Burger King o McDonald's, o en este caso, Jack in the Box, es un sitio fantástico para tener una carrera. Y esa idea me da miedo...

—Güelcome a Yack in di Bock, ¿can ai jel yu?

—I'm sorry? (¿Perdón?)

—Güelcome a Yack in di Bock, ¿can ai jel yu?

—What's going on, Brogan? Is this Jack in the Box? What the hell? (¿Qué sucede, Brogan? ¿Esto es Jack in the Box? ¿Qué rayos pasa?)

—Sí, puto, es Yack in di Bock, ¿can ai jel yu? ¿Yu guán sonsin?

—I'm sorry? (¿Perdón?)

—Ai sei, ¿yu guán sonchin?

—Yes, can I have a Jumbo Jack? (Sí, déme un Jumbo Jack)

—Oh, yu guán un Yumbo Yack.

—Um, I don't believe there is a Y in Jack. (Um, no creo que Jack se dice con Y)

—¿Quiere queso?

—I'm sorry? (¿Perdón?)

—¿Si quiere queso?

—Um, no Nintendo. (No, no entiendo)

—Ai sei, ¿du yu lie chiz?

—Oh, all right. (Bueno, está bien)

—Okey, yu guán guán Yumbo Yak güiz queso güiz chiz.

—What did he say, Ryan? You worked at El Torito. What did he say? (¿Qué dijo, Ryan? Tú trabajaste en El Torito. ¿Qué dijo?)

—¿Quiere papa frita?

—Come again? (¿Cómo?)

—¿Yu guana papa frita? I sei, ¿yu guana frem frine? Frem frine. ¿Yu guana frem frine?

—My friends are fine, thank you. (Mis amigos están bien, gracias)

—Lukadimeniu.

—I'm sorry? (¿Perdón?)

—Lukadimeniu. ¿Juá sai? Lukadimeniu. ¿Juá sai?

—What sign? Um, I'm a Capricorn. What does my sign gotta do with ordering hamburger? (¿Qué signo? Um, soy un Capricornio. Pero, ¿qué tiene que ver mi signo con pedir una hamburguesa?)

(Aquí es donde los pierdes, aquí mismo…)

—And what kind of fountain drinks do you have? (¿Y qué tipo de refrescos tiene?)

—Ah, cabrón.

(Silencio)

—Guán minut, plis. Sergio, esta fauntin drin, ¿qué es eso?

(Más silencio)

—Fauntin drin, ¿juá tis? ¿Juá tisis? ¿Juá tisis? ¿Jú itis? ¿Juá tis? ¿Juá tis? ¿Juá tar? ¿Juá tar is?

—A soda. (Una soda)

—¿Es soda? ¡Es soda! ¿Juai yu no sei soda, estúpid! ¡Son of a bich! ¡Güí gota soda, estúpid! Güí gota Co-ca. Güí gota Pek-si.

—Pes-ki? (¿Pes-ki?)

—Pes-ki. Güí gota Mr. Bibb. El Señor Bibb. ¿Yu guán orchata?

—I don't want to talk to the manager, fucker. I want sunsin to drink. Tell Orchata I want a large Pepsi. (No quiero hablar con el gerente, cabrón. Quiero algo de beber. Dígale al señor Orchata que quiero una Pepsi grande)

—¿Yu guana Esprite?

—Es-prite? (¿Es-prite?)

—¿Ar yu estúpid? ¿Esprite? E-S-P-R...

GANADOR DE PREMIOS

La entrega de los Grammy Latinos de 2003 tuvo lugar en la caliente y sexy Miami, y por primera vez su presentador iba a ser un comediante caliente y *sexy*. Yo iba a ocupar el lugar de Jimmy Smits y estaba decidido a infundirle un poco de chispa y humor al espectáculo de dos horas.

Este sería el cuarto *show* anual de los Grammy Latinos, y los productores estaban usando todos los medios a su alcance. Anuncios que decían "Siente lo latino" cubrían las vallas y los autobuses por todo el Sur de la Florida; Sears, Dodge, Dr. Pepper, Chrysler, Bud Light y Clairol se estaban anunciando en el programa.

Esa tarde, antes de salir al aire en vivo por CBS, el estadio de American Airlines resonaba mientras ensayaban nominados como Marc Anthony, el roquero colombiano Juasnes, los Black Eyed Peas, la sensacional cantante Thalía y Molotov, el grupo de rock metálico y rap. Aun más importante para mí era que se podía sentir el orgullo en las palabras de uno de los productores del *show*, Emilio Estefan, esposo de la superestelar cantante Gloria Estefan. Mientras Emilio y yo estábamos entre bastidores escuchando el ensayo de Ricky Martin, él se inclinó hacia mí y me susurró:

—Cómo hemos avanzado, mi amigo.

Mi amigo. Jamás pensé oír ese saludo de un hombre tan importante para la cultura latina. Hoy en día, después de vender cerca de setenta millones de discos y CDs en todo el mundo, Emilio y

Gloria se han diversificado como productores de discos, dueños de restaurantes y en varios otros negocios. Emilio se rió cuando le dije que él probablemente estaba ganando un millón de dólares por minuto. Parece una broma, pero está muy cerca de la realidad.

Lo cierto es que ya en septiembre de 2003 mi éxito era también considerable. Un año antes había presentado premios en este *show;* ahora era el anfitrión. Cada día parecían surgir nuevas y excitantes oportunidades. Mi gira de presentaciones como comediante, vendidos todos los boletos, me habían conducido a una participación en *On the Record with Bob Costas,* lo cual, sorprendentemente, me llevó a encargarme de una corresponsalía como Comisionado del Pueblo en *Inside the NFL,* de HBO. Mi nuevo álbum de comedia *Team Leader* se había convertido en un éxito, y mi *show* de televisión estaba a la cabeza de la renovada programación nocturna de los viernes en ABC. Y por si todo eso fuera poco, salí en la cubierta del número de septiembre de la revista *Hispanic.* Sí, señor, de pronto el George López Express avanzaba a toda máquina por la vía.

Así que ahí estaba yo, en el Camerino A, un sitio de primera categoría justo al lado de los de Ricky Martin y Marc. Una interminable hilera de asistentes de producción entraba y salía trayendo flores ("Perdón, Mr. López"), comida ("Si necesita algo, Mr. López... ") y buenos deseos ("Mr. López, Pat Riley va a pasar por aquí un momento"). Curiosamente, no me sentía preocupado por ser el anfitrión del espectáculo. Aaron Lee, mi confiable co escritor, estaba allí, y yo había preparado ocho cambios de vestuario de primera. Sí, ciertamente el comediante que sólo trece años antes no tenía ni agente, ni representante, ni compenetración con su público, iba a salir a escena frente a 18,000 personas y una audienca nacional, nada menos que en otra cadena y frente a un episodio de mi propio *show.* (Que se colocó en el lugar número 22 esa semana).

Este espectáculo había estado preparándose durante más de un año e iba a presentar una docena de actuaciones en vivo y tantos otros premios. Mi labor no sólo consistía en divertir y entusiasmar al pú-

blico, sino también mantener el *show* en tiempo. Si una banda decidía hacer otro coro, o un discurso de agradecimiento continuaba a pesar de lo que indicaba la lucecita roja intermitente, yo tenía la responsabilidad de recuperar el tiempo perdido para que la función no se pasara del horario establecido. Si no lo hacía, iba a ver cómo al productor Ken Ehrlich le daba un infarto. Ken me había dicho que esa noche tendríamos menos de un minuto de margen de tiempo. Así de apretados estábamos.

Aaron y yo pasamos gran parte de la tarde cortando y arreglando el guión, diciendo en voz alta los chistes y sus remates, desechando algunos —*"Has oído hablar de José Millonario, te dice que es rico, pero vive en casa"*— al tiempo que intentábamos mejorar otros: *"Sabes, somos la minoría más grande de Estados Unidos. Hay 39 millones de latinos, ¡y todos viven en dos apartamentos en Hialeah!"*

Ensayé chiste tras chiste, contándolos todos en voz alta una y otra vez, acelerando algunos, suavizando el ritmo de otros, tratando de encontrar la cadencia precisa, hasta que incluso a Ron, de quien, por lo general, hemos abusado durante todo el día —*Yo no te digo qué restaurante tiene el mejor menú para viejos, así que no me digas tú cómo interpretar mis chistes; yo no te digo dónde comprar Depends, así que no me digas tú…* —, le gusta lo que oye. Para entonces, ya había llegado la hora de apagar la computadora, cerrar la puerta y concentrarse en el *show* que comenzaría dentro de poco.

Cuando llegaron las nueve de la noche, el Hollywood hispano estaba allí en todo su esplendor. Y yo estaba en el aire, con un cigarro en la mano, pavoneándome por una calle de South Beach.

—*Esta noche seré el anfitrión de los Grammy Latinos. No me he sentido tan emocionado desde que me tatué el nombre de Salma Hayek en la parte baja de la espalda… Los Grammy Latinos es la mejor de todas las fiestas, y hemos escogido a Miami para celebrarla ¿Y por qué? ¿No es conocida esta área por su siniestra actividad criminal? ¿Como la elección presidencial del año 2000?*

Ahora estoy en la pista de baile de un vibrante club nocturno, y en ese momento me vuelvo hacia las cámaras:

—*¡La cuarta edición anual de los Grammy Latinos
está en el aire! ¡SHOWW!"*

Después que termina el tributo de apertura a
Celia Cruz, estoy listo para dar guerra:

—*Estamos en Miami y en vivo, y sólo por esta noche
todo el mundo es latino, hasta la gente que me está mirando
desde sus hogares… así que chéqueense la presión. No se preocupen, mañana
su crédito volverá a ser tan bueno como antes, y los carros montados sobre ladrillos en el patio delantero de su casa desaparecerán como por arte de magia.*

Comienzo y sigo a toda máquina, y todo va bien hasta el primer
cambio de vestuario. Luego, después de un comercial, salgo vestido
con la camiseta, con su número trece, del legendario *quarterback* de los
Miami Dolphins, Dan Marino.

—*Esta noche, deberíamos hacer a Dan Marino latino honorario. Así
que, Dan, probablemente esta noche la policía te va a parar camino a casa.
Cuidado. Esto es lo que es Miami. No ese David Caruso de CSI Miami. Ese
hijoeputa pelicolorao no duraría ni diez segundos en este calor.*

A partir de ahí lo único que pienso es *mantén el tren andando, sigue
cambiándote de ropa:* traje beige, camiseta Cuba A.C. (Antes de Castro),
viento en popa y a toda vela hasta que Juanes gana de nuevo, por
álbum del año, y uno de sus productores decide hablar más de la
cuenta. En sólo un premio pasamos de tener noventa segundos de
nuestro lado, a 10 segundos de más.

—Hay que quitar algo —dijo Ehrlich.

—No, no tenemos que hacerlo —le dije—. No te preocupes. Yo
lo resuelvo.

Arréglalo, George. Ése era mi trabajo. Arreglarlo. Poner el programa en tiempo de nuevo. Eliminar, recortar, eructar, tirarse pedos,
lo que haya que hacer, hazlo. Así que durante mis dos siguientes cambios de vestuario —un correcto traje negro con matices rojos, y la
camiseta de Caron Butler, del Miami Heat— Aaron y yo cortamos y
recortamos. A pesar de la escasez de tiempo, metí un par de chistes
buenísimos:

—*Tengo el honor de presentar al grupo al que llaman La Madre de
Todas las Bandas, lo cual, si estás en Montana, quiere decir The Mother of*

All Bands. Pero si estás en Montana, probablemente ya cambiaste de canal.

—*Arnold Schwarzenegger acaba de llamar. Está tratando de que me quiten como anfitrión. Arnold Schwarzenegger nunca será gobernador de California. Porque los latinos nunca votaremos por alguien que habla el inglés peor que nosotros. Hasta la vista, pendejo.*

Poco después, tomé el control absoluto. Eliminé un chiste de cierre, reduje la introducción del final y me fui hacia una despedida breve y dulce —*"Ésta es una buena fiesta latina, no como ésas en las que nos esconden el licor"*— antes de presentar al grupo final, lo cual nos llevó, justo a tiempo, a los créditos.

—¡El Billy Crystal de los Grammy! —gritó entre bastidores el productor Ehrlich. En realidad, me sentía más bien como Nolan Ryan, de los Astros de Houston, al haber logrado brillantemente un juego perfecto. No sólo manejé el *show* y divertí a un público difícil, la mitad de los cuales apenas entendía el inglés, sino que también había lanzado tres palabrotas en español por las narices del aturdido censor.

Al día siguiente, un titular que decía "Una nota alta" en *The Miami Herald* resumió la noche. Sin duda que Miami había relucido con un *show* lleno de estrellas. No me importó en absoluto la tibia reseña del periódico, elogiosa por un lado y crítica por el otro respecto a algunos chistes "miserablemente malos" y por "vomitar" *Scarface*[1] y por hacer chistes a costa de los latinos. El tipo finalizó su reseña con la predicción de que, como los Grammy Latinos no eran parte de la cultura popular de la mayoría del país, lo más probable es que hubiera que decirle "buenas noches" al programa en la televisión de Estados Unidos.

Pues siento desilusionarte, mi hermano, pero cuando unos cuantos días después se conoció el nivel de audiencia, logramos un 33 por ciento más que nuestras cifras previas y, por lo que me han dicho, los anunciantes de primera categoría estaban locos de contentos.

1. *Scarface*—Título original en inglés de la película *Caracortada*.

"Buenas noches", mierda. "Buenos días" al nuevo poder y al nuevo orgullo latino.

Tres días después me estaba preparando para subir a un escenario aun más grande.

La Industria se había comprometido al decir que quería que una docena de comediantes fueran los co presentadores del *show* en vivo de los Emmy en la cadena Fox. Yo iba a compartir el escenario con algunos de los mejores en la profesión: Garry Shandling, Jon Stewart, Darrell Hammond, Conan O'Brien, Ellen DeGeneres, Bernie Mac, Brad Garrett, Dennis Miller, Damon Wayans, Wanda Sykes y Martin Short.

Con esa clase de equipo y una teleaudiencia nacional era inevitable que el factor miedo entre bastidores fuera enorme; no sólo íbamos a ser juzgados por los televidentes, sino también por los demás comediantes. ¿Divertido? Bueno, vamos a ver… No, si, tal vez, no estoy seguro, y así sin cesar. Como la mayoria de los comediantes están, por naturaleza, a un paso del manicomio, podías sentir una atmófera de culo apretado desde el principio. A una estrella de monólogos cómicos le dio por hablar babosadas tras bastidores; otro, ridiculamente mal preparado, estaba rodeado de escritores que a último minuto le sugerían chistes desesperadamente.

Noventa segundos. Eso era todo lo que yo tenía. Noventa movimientos de la manecilla del reloj para presentar el premio al Mejor Programa de Telerealidad y hacerlo bien o fracasar ante todo el mundo, desde *The Sopranos* hasta el elenco de *Six Feet Under,* lógico, ya que pensaba que mi carrera iría camino del cementerio si no tenía éxito en este auditorio[2].

Por tanto, me tomé esto muy en serio. Tan en serio que Ann y yo

---

2. *Six Feet Under* (Seis pies bajo tierra) es una serie que gira alrededor de una funeraria. (N. del T.)

acabamos protagonizando uno de esos dramas matri-
moniales ideales para la *Corte de familia.* Fuimos a jui-
cio el sábado por la noche, después del tercero de tres
breves grupos de chistes que hice en *The Ice House,*
donde había ido a trabajar mi material. Y cuando
digo trabajar, era *trabajar,* como en un aula de clase,
con notas sobre una banqueta, asegurándome de que tengo los chistes
puestos en orden, editando y moldeando y eliminando el material
después de cada *show.*

Luego del tercer grupo de chistes, Ron está contento, yo estoy
contento y mi co escritor Aaron está contento. Ann, sin embargo,
definitivamente *no está contenta.*

Me acusa de que estoy ofendiendo a los latinos. Le cae encima
primero a Aaron, diciéndole que escribe chistes despectivos. Los que
le dijeron eso fueron los cubanos de Miami, que se molestaron porque
yo no era cubano y hablé en Inglés. *Sr. López, usted puede ahora dirigirse
al tribunal.*

—Escucha, Ann —le dije en mi tono más educado—, la babosada esa de Miami no tiene nada que ver con esto. Todo lo que nosotros tenemos se lo debemos a mi actitud arriesgada. No me preocupa
lo que piense la gente. Yo no hago mi material para ellos.

Estaba decidido a no abandonar mi estilo la noche antes de los
Emmy. Es como si te acobardaras antes de casarte.

Curiosamente, fue un chiste lo que me despertó la mañana siguiente.
Algo me había estado dando vueltas en la cabeza toda la noche, de
un lado a otro, hasta que pude captarlo completamente cuando iba a
amanecer. Entonces me levanté y lo anoté en un sobre del hotel.
Cómo es que yo no creo que viene un huracán hasta que me lo dice
alguien con una tanga puesta.

Oh, ¿les comenté que me hice el indiferente con Ann cuando
se despertó?

—Buenos días —me había dicho desde la cama.

—¿Qué hay? —le dije, aún enojado por la noche anterior.

Me pasé así todo el día y hasta comienzos de la noche, cuando llegamos al Shrine Auditorium y los fanáticos que estaban en la multitud nos saludaron cariñosamente cuando caminamos por la alfombra roja. Ya en el interior, Ann y yo nos sentamos juntos y vimos cómo un comediante tras otro daba lo que sería el equivalente a un salto desde el puente Golden Gate. Parecía que nadie quería lanzarse solo. Jon Stewart realzó su presentación con una pantalla de plasma; Conan bailó vestido con un esmoquin blanco con faldón acompañado por las Rockettes. Otros le dieron sabor a su actuación con imitaciones. En general, nadie se suicidó profesionalmente, y a mí me gustaron sobre todo Stewart y Martin Short, quienes pueden hacer prácticamente de todo.

Entonces llegó la hora de que yo fuera hacia bastidores.

—¿Quieres que vaya allá atrás contigo? —me preguntó Ann.

—No —bromeé—, ya tu quemaste anoche tu pase para ir al escenario.

Detrás del escenario, una de las primeras personas con las que me topé fue Shandling, a quien conozco y me agrada desde 1979.

—Comedy Store. Westwood. 1979. Chaqueta morada. Datsun 280-Z. Todas tus posesiones metidas en ese auto —le dije.

—Hijoepu ta —me dijo—. ¿Cómo te acordaste de eso?

—Porque yo y mi amigo Ernie te seguíamos por todos lados, y tú te metías en el baño pequeñito, estirándote el pelo y me preguntabas que cómo se te veía el trasero.

—¿Cómo se ve?

—Se veía bien antes —le dije—, y sigue viéndose bien ahora.

Cuando veo a Jennifer Garner, la estrella de *Alias,* a quien adoro, me sonríe y me dice, "Buena suerte" y de pronto me encuentro parado

allí, sólo, en la oscuridad, debajo de una estatua, como inflada de esteroides, del premio Emmy, y puedo distinguir a James Gandolfini, a Sarah Jessica Parker, a Robin Williams y a Bernie Mac. A decir verdad, estaba empezando a ponerme un poco nervioso, a medio camino entre ansioso y pañal para incontinentes. Pero, igual que aquella vez en que actué en el Ford Theatre para el presidente, me dije, *Si piensas que éste no es el lugar que te corresponde, entonces no es el lugar que te corresponde. Por esto es que pasaste todas esas noches en El Paso y la vez en Indiana cuando quisiste regresar a casa.*

Y pienso, *Chinga.* Llegó el momento. Ésta es la hora de la verdad. Y salgo igual que Mike Tyson: sin más cosas que los guantes y los *shorts.* A matar o a que me maten.

—Señoras y señores, George López.

Y allí voy. Vestido elegantemente con un cheverísimo esmoquin negro, pero en lugar de pasearme por el escenario empiezo a trotar, a captar todo lo que pueda de la ola de aplausos, a darle vueltas a mi alrededor y a usarla a mi favor, pues sé que tengo que conquistar a esa multitud desde el mero principio, o estos se van a convertir en los noventa segundos más largos de mi vida.

Yo había puesto lo que llamo un obstáculo al comienzo de mi acto —algo que funciona bien o no funciona en absoluto, algo que sirviera de indicador de si ese público demasiado sofisticado estaba listo para divertirse de lo lindo o hacerse el indiferente. Así que digo:

—*Muchísimas gracias, hemos llegado a la parte Hispano-musulmana del espectáculo…*

Cuando el Shrine Auditorium estalla en carcajadas, se me enciende la luz verde en la cabeza y sigo a toda velocidad.

—*Soy George López, el López del que no están hasta el último pelo… Saben, yo soy la persona perfecta para presentar este segmento, ya que soy un grandísimo admirador de los* reality shows [3]. *De veras, creo que los primeros,*

---

3. Programas que supuestamente imitan situaciones extremas de la vida real, como *Survivor, Fear Factor, The Bachelor,* etc. (N.del T.)

Dukes of Hazzard, captaron perfectamente a los blancos…
Los participantes harán lo que tengan que hacer para entrar
en uno de esos reality shows. Fear Factor *ya no es ni có-*
mico, tan sólo una chica con un sostén deportivo comiéndose
un grillo. Saben, si voy a comer tripas de vaca, van a tener
que freírlas con un poco de chile picante.

Sólo han transcurrido unos treinta segundos y ya he logrado un
par de fuertes carcajadas. Ahora les caigo arriba con un buena frase:
"Los blancos, o como a mí me gusta llamarlos: la raza asombrosa",
antes de lanzármeles encima con los dos puños:

—*Creo que los* reality shows *necesitan diversificarse. Creo que el*
público latino no puede identificarse con ellos. Conozcan a mis padres[4],
¿qué es eso? Nosotros, a los cuarenta y dos años, seguimos viviendo en casa con
los padres. ¿Estás caliente?[5] Por supuesto que estamos calientes. Al parecer
ustedes no han visto a las mujeres de Telemundo. Bueno, yo ahora sólo veo las
noticias en español… Sólo creo que viene un ciclón si me lo dice alguien en
tanga…

—*No tú, Al Rocker. Relájate. No quiero ver lo que está pasando por*
allá abajo.

Ya casi los tengo donde quiero, casi listos para dejarse llevar. Les
encanta el bocadillo que inventé sobre la tanga y la referencia a Rocker. Sin embargo, siento que todavía están vacilantes, no totalmente
dispuestos a relajarse, así que, sin pensarlo mucho, hago una jugada
que sólo proviene de miles de horas en el escenario, una movida que
o rompe la barrera o te explota en el rostro. Me había servido de ella
un par de veces antes en los clubes, cuando el público me ponía resistencia, cuando se hacía el difícil, y yo les decía, "Okey, de ahora en
adelante lo que tienen que hacer es no reírse. No importa lo que
yo diga, no se rían". Y, naturalmente, comienzan a reírse. Y les digo,
"No, *no se rían*". Por supuesto, esto se repite hasta que la presa se
rompe y todo el lugar explota en carcajadas.

Aquí, la cosa era un poco diferente. Todo lo que se necesitaba era

4. *Meet the Folks*, título original en inglés de un programa de televisión.
5. *Are You Hot?*, título original en inglés de un programa de televisión.

algo así como una bendición, una confirmación de que les gustaba lo que yo estaba haciendo.

Así que, suavemente, les dije:

—Ustedes de veras quieren reírse, está bien. No se sientan mal.

Y eso fue todo. De nuevo, les dije:

—*Gran hermano*[6]. Doce personas viviendo en una casa. Caramba… eso ya se ha hecho. Si quieren hacer un reality *show* latino con esa idea, pónganlos en el garaje.

Ahora los tenía en mi poder. Pasando por tercera y camino a *home*. ¡Ya era hora de que saliera G. Lo!

—*"Dicen que este año [con la entonación típica de una chica de Orange County llamada Dakota] es el Sobreviviente*[7] *más difícil. ¡Oh, my God! ¡Espero que sobrevivan! ¡Quiero que Tyler sobreviva! Este año te lanzan de un barco sólo con la camisa puesta, ¡así es como los latinos llegaron aquí!"*

—Sobreviviente en Tailandia. Sobreviviente en Australia. *¿Y por qué no* Sobreviviente en East LA? *Unos blancos que dan vueltas en un auto, perdidos.* "Oh, MY GOD, NO VAMOS A SOBREVIVIR. *¡Abrázame, DAKOTA!"*

—Pero mi reality show *favorito es* Transformación extrema[8]. *Éste es el mejor. Véanlo. Toman a alguien con cara de culo y en una hora la ponen bella. ¿No era eso lo que lograba un paquete de doce latas de cerveza? Y si no me conocen, soy el mexicano en el horario estelar de la televisión.*

Así que, al final, el mexicano en el horario estelar tenía razón. No necesité de aparatos ni plasma ni bailarinas de piernas largas. Nada sino mi talento y mi actitud, y esos chistes de tres sábados por la noche que se convirtieron en noventa segundos de lo mejor de mí.

---

6. *Big Brother*, título original en inglés de un programa de televisión.
7. *Survivor*, título original en inglés de un programa de televisión.
8. *Extreme Makeover*, título original en inglés de un programa de televisión.

El momento culminante tuvo lugar después que había leído el *teleprompter* con los nombres de los homenajeados, y vi a Robin Williams. Allí estaba, al frente y al centro, haciéndome un gran gesto triunfal con sus dos pulgares, lo que es como si Tiger Woods te dijera, *"Hey,* me encantó lo fuerte que le diste el golpe a la pelota".* Un elogio del Maestro.

Una cuantas semanas después, en The Ice house, Brad Garrett me dijo que, cuando yo estaba en el escenario, él le tocó a Ray Romano en el hombro y le dijo:

—Esto es lo que tú haces. Haces lo que conoces.

Eso fue realmente agradable. Conozco a Brad desde hace mucho tiempo y estoy empezando a conocer un poco a Ray, empezando a ganarme lo que nunca tuve en este negocio hasta que llegué a este nivel:

Respeto.

Otras voces—Ann López

Sigo creyendo lo que dije. George y yo estamos de acuerdo en no estar de acuerdo. Pienso que sólo porque los chistes tengan efecto, eso no significa que están al nivel de lo que George López es capaz de escribir. Lo que pasa es que yo considero que George, y también aquéllos que ocasionalmente ofrecen ayuda, está en un nivel muy alto. Para mí, George está en un nivel más alto que en el que él a veces piensa que está. Ésa es una de las razones por las que tiene tanto éxito. En mi opinión, esos chistes no pertenecen a la clase de humor inteligente por el que George López es conocido. ¿Qué puedo decir? Soy cubana. Somos gente dura y obstinada.

Las reseñas del día siguiente me vindicaron por completo. El *Los Angeles Times* dijo que mi trabajo fue uno de los puntos culminantes de la noche, y señaló mis "inspirados chistes" acerca de por qué los latinos no pueden identificarse con los *reality shows*, y mi "humor agudo y actual". Hasta me compararon con

comediantes como Lenny Bruce, Woody Allen y Bob Hope. *TV Guide Online* sugirió que yo podría ser el anfitrión principal del *show*. Pero todo eso vendría la mañana del lunes. La noche del domingo estaba reservada a encuentros amistosos en la fabulosa fiesta de *ET*[9] en el Mondrian Hotel, en West Hollywood, antes de cerrar la fiesta de HBO en el Pacific Design Center, donde conversé con Rob Lowe y Mike Myers, David Hyde Pierce y Jeff Garlin, y muchísimas otras estrellas.

Era tarde en la noche cuando conduje por Sunset Boulevard, toda la ciudad reluciente de luces. Vi la valla publicitaria en lo alto, casi igual que la que cubre la esquina de Cuarenta y tres y Broadway de Times Square, en Nueva York, a cerca de tres mil millas de distancia. A mi espalda tenía una foto mía inmensa que anunciaba mis presentaciones en el Universal Amphitheatre. Durante un segundo me pareció que estaba hablando solo: *"Oye, George, qué orgulloso estoy de ti, hombre, te plantaste en lo que creías, seguiste tu corazón y ganaste"*.

Y reduje la velocidad y escuché y miré durante un tiempo que me pareció larguísimo.

9. El programa de televisión de noticias del espectáculo *Entertainment Tonight*. (N. del T.)

EL TECHO

Yo compré la casa donde vivían las Mellizas Olsen. Había que ponerle un techo nuevo.

Así que la compañía de seguros me envió un cheque y, como no sabía lo que había que hacer con él, lo cambié. Dije, "Chinga", y empecé a gastarlo:

—Cabrón, vamos, ale. Vamos a Cabo San Lucas, a golfear, pendejo, vamos en primera clase, ese, tengo el dinero.

Así que gasté cerca de una tercera parte del dinero de esa manera. Pensé contratar alguna raza, sabes, algunos mexicanos que me arreglarían el techo por un paquete de cervezas. Pero en eso la compañía de seguros envía un techero a mi casa, el hombre a quien se supone que yo le debía dar el cheque. Ray, el Techero.

—¿Tiene usted el din…?

—¿Qué? No lo escuché bien.

—El cheque.

—¿Qué cheque, ese? No sé. Yo soy… sabes qué, soy, soy… soy, no comprende, loco.

Bueno, acabé dándole a Ray lo que quedaba del dinero y ¿a quién contrata Ray? A quince mexicanos. Llevan pantalones de salir y zapatos de tacón, sin camisa. Se escucha toda esta música, y allá están todos, en el techo, y yo

ni sé cómo fue que se subieron. No hay escalera.
Todos están en el costado de la casa, y los oigo
que dicen:

—Mira, súbete, cabrón. Súbete en mis
hombros. Súbete en mis hombros.

Y todos están atados unos a otros.

—Nombre, empuja por aquí.

Y están arrancando limones de la mata.

Así que un día llego temprano a casa, porque hay como
110 grados a la sombra, y me digo que voy a echarles una
ojeada, para asegurarme de que ninguno se ha pegado a las
tejas. Pero no hay nadie en el techo.

—Ah, chinga, tal vez la soga se rompió y todos se
cayeron.

Voy al patio y miro. Nadie.

Camino hasta el costado de la casa. Nadie.

Por fin, llego hasta la piscina y allí están, los quince,
divirtiéndose de lo lindo, bebiendo Dos Equis, nadando en
calzoncillos. Bebiendo y pasándola bien, mientras yo espero y
los observo desde la puerta.

Y uno de ellos me mira y dice:

—Oye, vato, ven y métete en la piscina, que el dueño no
está en casa.

HÉROE

Puedo decir con absoluta certeza que, antes de mí, jamás
nadie en la historia de mi familia blandió un palo de golf
como no fuera con cólera.

Mi primer palo de golf fue un hierro Spalding 7. En realidad no
era mío; mi abuela lo tenía metido entre el garaje y la reja del patio
para impedir que el perro empujara la reja y se fuera. De niño, yo lo
usaba para darle a los limones que se caían de la mata en el alero de la
parte de atrás de la casa.

Mi primer recuerdo de golf de verdad es de cuando lo vi jugar
en televisión a principios de los setenta, y me quedé dormido. Era más
un medio para quedarme dormido que un verdadero deporte. En-
cendía el televisor, y enseguida me estaba durmiendo.

Pero yo sabía quiénes eran los jugadores, como Arnold Palmer y
Jack Nicklaus. Veía los artículos con sus firmas en las tiendas de equipos deportivos. Y, por supuesto, Lee Trevino.

Trevino fue el primer latino al que vi jugar golf, y recientemente
una de mis emociones más grandes fue pasar un rato junto a Lee
en Dallas. Ese día, él estaba como yo siempre lo recordaba; cualquier
cosa que hiciera, lo hacía con una sonrisa en el rostro. Sigue siendo el
mexicano contento, gracioso y simpático, el más feliz de todos los
hombres. Consideren, un niñito mexicano que creció en medio de la
más abyecta pobreza, aprendió solo a jugar golf, salió de los Marines,
se convirtió en un golfista profesional, se esforzó y luchó y ganó

Campeonatos Abiertos en Estados Unidos e Inglaterra, y Campeonatos de la Liga Profesional Americana (PGA). Tiger Woods es mi golfista favorito, pero Lee Trevino se merece mucho crédito por los cambios que hizo para mejorar el deporte.

Aun así, mis amigos y yo nunca pensamos en jugar golf. Era algo invisible. Naturalmente, había campos de golf, pero nunca los veíamos; eran como un restaurante que sirve el tipo de comida que tú no comes; ni sabes que está en tu barrio hasta que alguien te lo señala.

Tal vez tuviéramos más posibilidades de montar kayak que de jugar golf. Y la realidad es que mi vida habría sido muy diferente si un campo de golf no hubiese sido el único sitio abierto el Día de Navidad de 1982.

Eran cerca de las dos de la tarde, y Ernie y yo estábamos matando el tiempo. Habíamos pasado la mañana con nuestras familias, habíamos abierto los pocos regalos que recibimos y estábamos buscando qué hacer. Ernie sugirió que fuéramos a jugar golf. Yo lo tomé a broma.

Pero todo lo demás estaba cerrado, así que condujimos hasta un terreno ejecutivo de 18 hoyos, par 62, llamado El Cariso, en Sylmar. Alquilamos palos y tuvimos que entregar las llaves del auto como garantía de que los devolveríamos. Compramos algunas pelotas usadas y un par de cervezas, y allá fuimos.

No sabíamos en realidad qué palo usar. Decidimos golpear primero con el más grande, pero después de los primeros tiros usamos el que se nos venía en gana. No había peligro de golpear a nadie, porque no había nadie en el terreno. Era maravilloso.

No recuerdo cómo golpeé (o si golpeé) las pelotas ese día, pero lo que no olvido es cómo, por primera vez, yo y Ernie conversamos mientras hacíamos algo juntos. Éramos el mejor amigo el uno del otro y siempre estábamos juntos, pero me parecía curioso que o hacíamos algo, pero sin hablar —como pasear en auto por la ciudad—, o hablábamos, pero no hacíamos nada, como cuando pasábamos el tiempo en el patio.

Pero ese día hablamos constantemente, y cuando terminamos nos sentamos y conversamos nuevamente sobre todo. Ese día en el campo de golf se hizo más honda nuestra amistad, y eso es algo que he experimentado una y otra vez: el golf acerca a la gente y crea lazos como ninguna otra actividad en la que he participado.

Yo estaba enganchado. Me enamoré del deporte la primera vez que lo jugué.

Compré mi primer juego de palos de golf buenos en 1984, en Indianapolis. Estaba en la ciudad haciendo mi acto de comedia y en la estación de radio conocí a un hombre que trabajaba en una tienda de artículos de golf.

—Dame trescientos dólares y te consigo un juego de palos —me dijo.

Eran palos Wilson Dyna-Power II. Trescientos dólares justos y sin recibo. Cuando pienso en eso, me imagino que los sacó por la puerta de atrás y no por la del frente.

Jugué regularmente durante los ochenta, pero, en realidad, no fue hasta principios de los noventa cuando comencé a llevarme mis palos en los viajes. En la mayoría de las ciudades no tenía tiempo de ir al campo de golf; tan sólo me gustaba tener mis palos junto a mí. Lo primero que hago cuando me hospedo en un hotel es desempacar mis palos, remojarlos en la taza del inodoro y frotarlos con una toalla. Si me quedaba en un sitio con una cocina, como un Residence Inn, abría la lavadora de platos, metía todas mis pelotas de golf en el cesto para los cubiertos y les daba una lavada.

Tomé el juego tan en serio que en 1988, con no más de $500 en el banco, fui a El Cariso y pagué $250 por un juego de PingEye2. Lo bueno era que ya tenía el equipo para jugar. Lo malo era que también tenía mal carácter.

Cuando comencé a jugar golf, tiraba los palos y maldecía y hacía trampas, expresando todo lo negativo que estaba sucediendo en mi vida.

Por fin me di cuenta de que el juego era algo realmente impor-

tante para mí, pero no iba a mejorar, y mucho menos a tener éxito en él, si seguía faltándole el respeto. El golf me hizo entender eso, pero es algo que también se aplica a la comedia, a las amistades, al matrimonio, a la paternidad, a todo.

El golf me enseñó a ser paciente, a controlar mi temperamento, a ser honesto y equilibrado. Encontré un centro en el juego, y cuando dejé de arrojar palos al aire, de tirarlos violentamente contra el césped y de hacer trampas con mi puntuación, no sólo me hice un mejor jugador, sino que llegué a apreciar y a disfrutar el juego a un nivel desconocido para mí hasta entonces.

Llegué a igualar el golf con una de las artes marciales. Es rítmico, como el tai chi. La mejor manera de realizar ambos es lentamente, ya que lo importante en ellos no es la velocidad y la fuerza, sino el poder y la precisión.

Mi actitud mental ahora es la de reírme, divertirme y pasarla bien. Tal vez necesito concentrame más en mi tiro, y no en a quién puedo hacer reir y en tratar de ver dónde dejé mi puro. En algún momento debo comenzar a tratar de pegar por debajo de los 80, pero no quiero llegar al punto de disgustarme porque no obtuve una determinada puntuación.

Ser una celebridad que practica el golf tiene sus privilegios. Uno de ellos es que puedes jugar en campos con los que la mayoría de los jugadores sólo pueden soñar. Cypress Point, en Monterey Peninsula, es uno de esos lugares que, junto al Augusta National, están en la lista de los golfitas como "Campos Donde Tengo que Jugar Antes de Morirme". Mi juego en Cypress fue realmente inolvidable, y no sólo por el diseño espectacular y el majestuoso paisaje, sino también por la compañía. Me invitó amablemente el *chef* de Cypress Point, Jorge, cuyos beneficios incluyen formar un cuarteto de juego una vez al mes, junto a mis amigos RJ y Héctor. Para un grupo de jornaleros latinos que estaban cavando una zanja de irrigación, aquél era un día como cualquier otro, hasta que vieron a unos mexicanos jugando golf con cuatro cadies blancos. Esos empleados de manteni-

miento se detuvieron, se apoyaron en las palas y nos vieron jugar todo el hoyo, saboreando el momento. Y cuando terminamos, todos alzaron sus puños al unísono en ese célebre gesto de solidaridad. Se parecía a la escena final de la película *Billy Jack*.

Otro beneficio es tener acceso al equipo más moderno y mejor. En el torneo Bob Hope Chrysler Classic Celebrity Pro-Am de este año volví a encontrarme con Steve Mata, un hermano latino que trabaja como representante de gira para Titleist. David Berganio, un golfista profesional de los torneos de la PGA, me presentó a Mata hace doce años, cuando él era un empleado subalterno en Taylor Made. Él y yo hemos llegado a la cima de nuestras respectivas profesiones, y Mata me hizo conocer un nuevo tipo de palos de metal-madera que ni siquiera están a la venta todavía, y el *putter*[1] Scott Cameron Futura. Así que ahora soy un tipo de Titleist (¡a pesar de que tiré lejísimo con mi palo Callaway Big Bertha 5!).

El terreno de práctica en un evento PGA Tour es como una mesa de bufet. Puedes probar cualquier cosa que desees. Uno de mis artículos favoritos es un mango transparente en mi *putter* con un retrato de mi muñeco de cabeza oscilante.

Pero lo mejor de todo es llegar a conocer a los profesionales. Todos son mucho más agradables de lo que yo esperaba. No es que esperara que fueran idiotas, pero sus verdaderas personalidades no siempre se manifiestan en la televisión, excepto John Daly. Ese chico es todo corazón, y lo lleva a flor de piel. Esos profesionales tienen cara de malhumor cuando están en el campo de golf, pero todos los que he conocido han sido fantásticos: Jesper Parnevik, Mike Weir, Charles Howell III, Aaron Baddeley, demasiados como para mencionarlos a todos, pero especialmente Vijay Singh. A primera vista no da la impresión de lo que en realidad es: un tipo realmente cómico y con una personalidad maravillosa.

---

1. *Putter*—Un tipo corto de palo de golf.

Pensándolo bien, llegar a conocer a los golfistas profesionales es la segunda ventaja que tiene ser una celebridad que practica golf. Jugar en el torneo AT&T Pebble Beach National Pro-Am es lo mejor de todo, sin duda. El prestigio del evento, el lugar donde se celebra, su historia, para las celebridades que juegan golf el AT&T es nuestro Super Bowl.

Para mí es especialmente atractivo, pues tenemos una casa en Pebble Beach. Toda nuestra familia disfruta el sitio inmensamente. Yo juego golf con muchísima frecuencia, Ann pasa tiempo en el *spa* y Mayan monta a caballo en el centro de equitación. Compramos la casa en febrero de 2003 durante el AT&T, lo cual fue pura coincidencia, ya que yo no estaba participando en el evento.

Durante décadas el anfitrión del notorio *clambake*[2] fue Bing Crosby, pero hoy en día ese honor le pertenece a Clint Eastwood, el exalcalde de Carmel, actual *chairman* de la Monterey Peninsula Foundation (que presenta el AT&T) y, sin duda, el Rey de los Chéveres.

Las oficinas de Clint y las mías están muy próximas en el recinto de Warner Bros., aunque realmente yo nunca había hablado con él hasta junio de 2003, durante un torneo de golf de la Latino Alliance en Tehama, el club privado de Clint en Carmel. Durante la recepción me pidieron que me dirigiera al público, e hice unos cuantos chistes acerca de cómo Clint trabaja a veinte pies de mí y yo tuve que conducir trescientas millas para saludarlo. El chiste que rompió el hielo fue sobre su esposa Dina, una latina, y cómo Clint cree que yo soy un primo de Dina que vive en Salinas. Aquello le hizo reír bastante. Poco tiempo después, me vio en *On the Record with Bob Costas,* en HBO, hablando sobre cuánto me gusta el golf. Eso hizo que un día yo recibiera una llamada en la que me invitaban a jugar en el AT&T Pebble Beach Pro-Am. Imagínense, un chiquillo pobre del Valle invitado por Clint Eastwood a jugar en el más prestigioso torneo profesional-

---

2. *Clambake*—Una comida campestre que se ofrece previamente al comienzo del torneo y donde se sirven almejas y otros mariscos asados. (N.del T.)

amateur de golf en Pebble Beach. Me tomó unos segundos darme cuenta exacta de lo que me dijeron, pero cuando lo hice me sentí agradecido, humilde y nervioso a más no poder.

Conduje hasta Pebble Beach con Ann y Frank Pace el sábado antes del torneo. Frank y yo habíamos jugado en Pebble el domingo, y el lunes en Poppy Hills, ambos días con un tiempo tan malo que haría que cualquier cartero lo pensara dos veces antes de salir a la calle. Pero las condiciones son parte de la leyenda de Crosby y del aura del AT&T.

El martes, el sol salió esporádicamente, como un doctor que asoma la cabeza de vez en cuando mientras hace su ronda médica. Yo había concertado un juego de práctica con el golfista profesional Billy Andrade, pero cuando llegó la hora de salir del campo de práctica hacia el de juego, no pude conseguir un carrito de transporte. Como no quería hacerlo esperar, Frank se echó al hombro mi maleta y nos apresuramos para llegar al primer *tee*[3].

Mi *cadie* de esa semana era Scott Gummer, un escritor de la revista *Golf*, quien estaba escribiendo un artículo acerca de la aventura, y el placer, de hacer junto a mí. Scott dijo que el juez de salida había hecho que Billy y otros dos jugadores comenzaran, así que él agarró la valija que Frank cargaba y salimos echando hacia donde Billy y sus colegas profesionales Grant Waite y Tom Byrum estaban parados en el primer *fairway*[4] a punto de pegar sus segundos golpes.

Dejé caer una pelota cerca de Billy, justo detrás del marcador de 135 yardas. Ante un tiro que era ligeramente cuesta arriba y en contra del viento, y ante la mirada de tres ganadores de torneos PGA pegué con mi hierro de 6 y aguanté la respiración. Lo que menos deseaba era que mi primer tiro se me fuera hacia la derecha y que ellos se asustaran al pensar que yo era un payaso o un golfista malo y persistente.

---

3. *Tee*—Pieza para colocar la pelota y desde donde se golpea con el palo. (N. del T.)
4. *Fairway*—Pasaje libre entre la hierba para facilitar el paso de la pelota hacia el hoyo. (N. del T.)

Plonk. La pelota se pegó como un dardo a la tierra suave que estaba en el borde, a sólo pulgadas del *green*[5]. Y en ese momento por fin pude relajar el esfínter, que lo había tenido todo contraído.

Después del juego de práctica, yo quería ir a la fiesta donde se dice cómo estarán formadas las parejas para averiguar con qué profesional me tocaría a mí. Sin embargo, me habían pedido que visitara el Defense Language Institute, en Monterey, para hablarles a algunos soldados. Por respeto a Clint y en agradecimiento por su invitación, traté de hacer todo lo que se me pidió. Yo soy así. Con mi programa, hago todo lo que puedo para ayudar a promoverlo, hago favores, hago mercadeo, participo en crear una atmósfera de entusiasmo, interesó a los posibles espectadores y ayudo a la causa. Cuando hago algo le pongo todo mi esfuerzo, lo cual es la manera típica en que se crió la gente con deseos de avanzar y ambición, pero para mí es algo totalmente fuera de carácter, ya que durante mi infancia y adolescencia jamás hice nada por nadie.

A pesar de que tenía tantas ganas de estar en la fiesta de selección de parejas, me sentía muy entusiasmado después de haber estado con los soldados. La cosa se puso aun mejor cuando me llamaron para decirme que mi pareja era Jesper Parvenik.

Me encanta este sueco loco. En primer lugar, él admite que por muy bien que llegue a jugar golf, nunca será tan famoso como su padre, un comediante conocido como el Bob Hope de Suecia. Sus cuatro hijos adorables se llaman Peg, Penny, Phillipa y Phoenix. Se sabe que ha comido arena volcánica para limpiar interiormente su cuerpo. Pero lo que más me encanta de Jesper es su sentido del estilo, pues usa unas vestimentas muy originales, como pantalones ahusados que se hacen más estrechos hacia el final de la pierna, con colores de anuncio lumínico, muñequeras (¿para el golf?) y su característica gorra con la visera hacia arriba.

5. *Green*—Terreno nivelado y cubierto de césped corto alrededor del hoyo. (N. del T.)

Si yo fuera el Gran Jefe del Golf, haría obligatorio el uso de ropa al estilo antiguo. No más Dockers ni Polos. El golf necesita regresar a esa época elegante cuando los jugadores tenían estilo, como Lloyd Mangrum y Walter Hagen.

Para el 3M Celebrity Challenge del miércoles, me puse unos pantalones dorados brillantes y un suéter estilo *argyle* que hacía juego. A Jesper también le gusta el *argyle* y durante las entrevistas bromeé con que nuestra estrategia es hacer que los competidores, asqueados de tanto color, nos cedan el juego.

La lista de participantes para el Celebrity Challenge estaba llena de estrellas: Clint, Kevin Costner, Craig T. Nelson, Chris O'Donnell, Ray Romano, Kevin James, Huey Lewis, Michael Bolton, Kenny G, Clay Walker, Emmitt Smith y yo. La serie de cinco hoyos más conocidos de Pebble Beach son los números 1, 2, 3, 17 y 18. Antes de empezar a lanzar, nos reunimos en el *tee* para que nos retrataran en grupo, frente a una multitud de fanáticos reunidos entre el primer *tee* y la tienda de artículos profesionales. Mientras los otros jugadores se alineaban, yo apuntaba mi palo de golf a sus traseros, lo que provocó aullidos y aplausos entre la concurrencia femenina. Costner me vio, y cuando se dio vuelta yo le apunté hacia el frente. Se puso rojo de vergüenza, lo que provocó la mayor risotada de todas.

El formato del Celebrity Challenge es de equipos de dos hombres, en tiros alternos, y mi compañero era Craig T., quien es ahora la estrella de *The District,* pero sigue siendo conocido como "Coach" por los años que actuó en la exitosa serie de televisión que llevaba ese nombre. Craig T. es un buen jugador con *handicap* de 5. Mi *handicap* era de 14 (lo que significa que si él y yo estuviéramos jugando un partido, él tendría que darme nueve golpes, un golpe en cada uno de los hoyos más difíciles).

El culo se me encogió al máximo cuando Bob Murphy, el legendario locutor de la Universidad de Stanford, me presentó. "De Pebble Beach, California" arrancó un fuerte vitoreo de la multitud. Como no quería desilusionar a mis admiradores ni pasar una ver-

güenza, fui hasta el *tee* y traté de dar un buen golpe. Lancé al aire la pelota y avanzó, pero después empezó a desviarse a la derecha. No fue mi mejor lanzamiento, pero tampoco lo hice tan mal y los fanáticos parecían complacidos, ya que me recompensaron con más gritos de apoyo de los que mi golpe se merecía.

Como este juego era de tiros alternos, el equipo selecciona el mejor tiro y luego el otro jugador da el segundo golpe. El de Craig T. cayó en el *fairway*, a un palo de distancia de donde yo había lanzado la pelota el día anterior, luego de alcanzar a Billy Andrade. Golpeé el hierro de 6 nuevamente, y otra vez lo llevé hasta el borde, justo frente al terreno nivelado del *green*. El público rugió de entusiasmo cuando Clint hizo su par. Mientras yo estaba listo para golpear para empatar con Clint, Bob Murphy bromeó que si yo quería que me invitaran de nuevo, debería tratar de no meter la pelota en el hoyo. La metí. Yo había venido a jugar, y Clint no aceptó que fuera de ninguna otra manera.

Para ganar un hoyo (jugando "uno empata, todos empatan" con seis equipos) por lo general hace falta que una persona dé un golpe asombroso, o que todo un grupo de jugadores fallen al mismo tiempo. Cada uno de los primeros cuatro hoyos acabó en empate, pero en el número 18 los golpes de Romano y James les dieron la victoria.

Las tensiones que yo hubiera podido sentir en el primer *tee* se habían desvanecido desde hacía rato bajo el radiante sol y el cálido recibimiento que me dieron los admiradores. En una especie de homenaje a Bill Murray, de quien se cuenta que una vez se enredó con una espectadora en un *búnker*[6], yo me puse a bailar con Bob Murphy sobre la arena.

La ausencia de Bill Murray fue un recurrido tema de conversación toda la semana. Él estaba en Italia filmando una película y, por mucho que trató, no pudo regresar para participar en el torneo. Si me hubieran dado un dólar por cada vez que un reportero me preguntó

---

6. *Búnker*—Hoyo de arena. (N. del T.)

si yo, en mi condición de comediante, estaba ocupando el puesto de Bill Murray en el AT&T, probablemente podría comprarles Pebble Beach a Clint y Arnie y a su grupo de copropietarios. Lo dije en esa ocasión y lo digo ahora: Bill es excelente, pero Bill es Bill y yo soy yo, y hay bastantes risas para todos.

Uno de los momentos más señalados de la semana de torneo cada año es el espectáculo de la noche del viernes ofrecido a los voluntarios. No se trata de una fiestecita improvisada; estamos hablando de un público de 1,300 personas que llenan el Monterey Conference Center. Es más, yo no sabía qué esperar de la audiencia, ya que una presentación de ocho minutos en un espectáculo de variedades como éste es algo totalmente diferente a hacer mi acto para personas que compran una entrada para ver a George López y ya saben más o menos qué esperar de mí.

Cuando más se rieron fue cuando bromeé acerca de la compra de mi casa en Pebble Beach.

—El día que nos mudamos, cuando los camiones de mudanza se fueron, los vecinos salieron corriendo y gritando: "¡Se olvidaron de uno! ¡Se les quedó uno atrás! ¿Por qué no se lo llevan?"

Esa semana también le saqué el jugo a unos cuantos chistes sobre mis jugadas con Andy García:

—Andy y yo somos los dos primeros latinos que juegan juntos —dije—. Nos están obligando a que usemos monitores en el tobillo. Iban a poner a Robert Gamez en nuestro grupo, pero se considera que tres latinos juntos forman una pandilla.

El habitual compañero profesional de Andy es Paul Stankowski, uno de los individuos más agradables que conozco. Paul y Andy ganaron el Pro-Am hace unos años, lo cual es un logro considerable si se tiene en cuenta que de los 144 equipos de dos hombres (jugando puro *best ball*[7]) que participan en las primeras tres rondas, sólo 25

7. *Best Ball*—Un partido entre dos pares de jugadores en el cual la puntuación del miembro con menos puntos de cada par se toma como su puntuación por el hoyo. (N. del T.)

equipos pasan el proceso eliminatorio y llegan a jugar el domingo. Sólo sobrevivir a las eliminatorias es un sueño hecho realidad, miren el caso de Jack Lemmon, quien jugó en el torneo durante más de veinticinco años y nunca pudo llegar al domingo. Lo único que yo quería era jugar bien: no tener complicaciones en el *tee* y luego colocarme en la posición de jugar con lo que es mi fuerte en el golf, el juego corto y el poteo.

Nuestro primer juego tuvo lugar la mañana del jueves en el Poppy Hills Golf Course, y el espectáculo empezó incluso antes de que le diéramos a la pelota desde el *tee*. Todo el campo estaba más repleto de gente que un carro lleno de chicanos el día que venden los muñecos de cabezas oscilantes en el Dodger Stadium, cuando la velocidad de los clic-clic-clic de los golpes a las pelotas fue interrumpido por el horrendo choque de dos jugadores que estaban situados demasiado cerca el uno del otro. Todo el mundo se volvió para ver a Kevin James, la estrella del programa *King of Queens,* parado boquiabierto ante su jefe, el *chairman* de CBS, Les Moonves, cuyo palo se había partido en dos. Moonves se alejó a paso largo, pero cuando nos dirigíamos al primer *tee* un poco después, él ya tenía un nuevo palo en la mano. Si ese día Kevin no pagó por lo que hizo, puede que le cueste cuando vaya a renovar su contrato.

Éste era mi Super Bowl y ya era hora de dar el primer golpe. Es cierto que yo estaba un poco inquieto, pero estar rodeado por una multitud no me hacía sentirme tan ansioso como el hecho de que ahora estos golpes sí contaban. Yo no me pongo nervioso; me pongo rápido. Y cuando impulso el palo con rapidez, empujo la pelota a la derecha, igual que hice en el primer *tee* durante el Celebrity Challenge, e igual que hice en mi primer golpe oficial en el AT&T.

Mi tiro fue corto y la pelota se desvió a la derecha hacia un búnker en terreno limpio. Odio la arena, pero pensé sacar la pelota de allí lanzándola de nuevo al *fairway*, donde podría desarrollar lo que hago mejor, el juego corto y el poteo. Pero mi pelota no estaba en el hueco de arena.

—¿Titleist? —preguntó un juez de campo mientras pisoteaba entre las yerbas de un matorral. Me había pasado del hoyo de arena y la pelota había caido en un obstáculo tan espeso que habría necesitado una bazuka para aspirarla y sacarla de allí. Mi única opción era aceptar una penalidad de tiro, dejar caer mi pelota junto al búnker y seguir jugando desde allí. Finalmente, llegué al *green* en cinco y luego me recobré cuando Jesper hizo un cuatro para su par. Bueno, después de todo, estaba jugando en el AT&T, pero ésta no era la forma en que yo lo había imaginado en mis sueños.

El golf (como la vida) es un juego de recuperación, y el segundo hoyo en Poppy es un par 3 corto. Observando una bandera que Scott, mi cadie, tenía a 142 yardas cuesta arriba, agarré un palo más de lo necesario, golpeé con mi hierro de 6, y llegué a 20 yardas de distancia del hoyo. Caminando a paso lento, le dije a Scott que no me gustaba la distancia a que había llegado, pero la verdad es que no me gustaba el golpe que había dado. No me sentía muy feliz de haber hecho un tiro hacia la maleza cercana al tercer *tee*. Scott me preguntó:

—¿Te sientes ansioso?

—No estoy ansioso —le dije—, pero tampoco estoy contento.

Cuando llegamos al cuarto hoyo, ya me había calmado. No estaba contribuyendo a la puntuación del equipo, pero tampoco estaba jugando tan mal. En el sexto hoyo, par 3, mi golpe desde el *tee* aterrizó justamente fuera del *green*, en una hierba dura y pisoteada. El hoyo estaba sólo a un par de yardas de distancia de donde comenzaba el *green,* lo que me dejaba muy poco espacio para maniobrar. Pero con mi querido palo de 58 grados, saqué la bola y la lancé justo al lado del hoyo.

—¿Dónde aprendiste ese tiro, George? —me preguntó un fanático.

Haciendo un gesto con la cabeza, le dije:

—Jugando corto en cuartos de hotel.

Mi mejor chiste del día llegó con el número 7, donde empujé la

pelota hacia la derecha, luego, con un hierro de 3, hice llegar la pelota al frente del *green* a través de una entrada muy pequeña.

—¡Sé cómo salirme de problemas! —dije—. ¡Eso es lo que he estado haciendo toda mi vida!

Mientras Jesper hizo *birdies* en los números 7 y 12, yo no ayudé al equipo en nada y terminamos la primera ronda en un lejano 2 bajo par. Mientras avanzábamos hasta el *fairway* dieciocho, Scott mencionó que una vez había escrito un artículo para el cual había tenido que viajar hasta Nueva Orleans en busca de una santera mayor que le ayudara con su juego de golf. Una mujer llamada María la Sangrienta le hizo una bolsita como amuleto para la buena suerte, llena de pelo de caballo y de sasafrás y de todo tipo de cosas raras. Y al día siguiente lanzó diez tiros mejores que los que había lanzado hasta entonces.

—¿No estás bromeando? —le pregunté—. ¿La tienes ahí?

El viernes en el Spyglass Hill Golf Course yo llevaba pantalones deportivos color manzana acaramelada, un suéter blanco de cuello de tortuga, una chaqueta negra, un sombrero de estilo Kangol puesto hacia atrás y una bolsita de amuleto de santería en el bolsillo trasero. Estábamos en el primer grupo, comenzando en los segundos nueve, y en nuestro primer hoyo, el número 10, empujé la pelota hacia la derecha, pero se recuperó bien y se dirigió al *fairway;* luego di otro golpe de dos metros para hacer un par, lo cual, con un golpe de *handicap,* nos dio un *birdie* neto. Así estaba mejor.

Jesper hizo un *birdie* en el número 11, luego, en el hoyo quince, par 3, le pegué con un hierro de 8. La multitud comenzó a vitorear antes de que llegara al *green,* rodó directo hacia el hoyo y casi hice un hoyo-en-uno, pero me quedé una pulgada corto. Hice pares para birdies netos en los número 17 y 18 (después de que mi golpe diera contra un árbol en el 18) y, habiendo terminado nueve hoyos, ya estábamos 5 bajo par para el juego y 7 bajo par para el torneo, preparados para la recta final.

Mientras esperábamos dar el golpe en el número 1 (nuestro dé-

cimo hoyo del día), saqué un guante nuevo de su
bolsa y me volví hacia el público:

—¿Quién de ustedes fuma marihuana?
—pregunté.

Todos sonrieron, pero nadie respondió.

—Al que esté dispuesto a salir adelante y admitir
que fuma marihuana, le voy a autografiar esta bolsita de guantes.

Por supuesto, un individuo levantó la mano y se adelantó. Firmé
la bolsa, se la di y le dije:

—Bueno, si te agarra la policía diles que yo sólo te di la bolsa…
¡no lo que hay adentro!

Los primeros cinco hoyos del Spyglass están entre los más difíciles del golf. Hice un par/*birdie* neto en el número 2, y Jesper dio un
golpe suave de diez metros para un birdie en el número 3 para llevar-
nos a 9 bajo par. Yo di un golpe sólido en el cuarto hoyo, par 4, que-
dándome a 166 yardas de una bandera en la parte inferior de un *green*
estrecho de dos niveles. Scott y yo decidimos que yo debía dar un
golpe con un hierro de 6 hacia el nivel superior, con la esperanza de
que rodara hacia abajo. Apunté hacia un gordo con sudadera blanca
que estaba detrás del *green,* y si hubiera tomado un hierro de 5 en vez
del que tomé, le habría dado al gordo en la cabeza, ya que fue un tiro
perfecto. La reacción del público me dio a entender que había sido un
buen tiro, y el rugido de aprobación se repitió cuando tiré el siguiente
metro y medio para *birdie/eagle* neto para ganar dos golpes más.
Otro *birdie/eagle* neto en el séptimo hoyo, par 5, nos llevó a 13 bajo par
para la vuelta y, lo más importante, teníamos ahora la oportunidad de
ganar.

Después que nos fuimos al campo de práctica, di golpes durante
horas.

—¿Vijay qué? —bromeé, refiriéndome a la reputación de Vijay
Singh de pasar horas y horas practicando—. Al lado mío, Vijay es un
haragán.

Tradicionalmente, los grupos de celebridades de primera línea
juegan el sábado en Pebble Beach. La idea es que esto ayuda a aumen-

tar los niveles de audiencia, aunque el espectacular buen tiempo también contribuye bastante a eso. Pebble Beach va a ganar muchísimo dinero gracias a los golfistas de todo el país que, atrapados en sus butacas de extensión debido a la nieve y las temperaturas de congelación, sintonizaron el torneo, vieron a Pebble toda bañada en sol y llamaron al número de larga distancia gratis durante un comercial para hacer una reservación para sus vacaciones ideales de golf.

En realidad, Pebble Beach es un lugar de ensueño, y el sábado salí a jugar (con el amuleto en el bolsillo) como si yo fuera invencible. Hice pares/*birdies* netos en los números 1, 2, 3, 5, 6 y 9 para ayudar a que el equipo llegara a 19 bajo par. Jesper también hizo *birdies* en los números 2 y 6, pero hizo un *bogey* en el número 11, después que yo lancé la pelota fuera del campo y perdimos un golpe, una movida en la dirección equivocada que fue un riesgo enorme.

Scott y yo hablamos en el campo de práctica esa mañana y pensamos que el equipo necesitaba llegar a 20 bajo par para clasificar. Ahora estábamos en 18 bajo par con cinco hoyos para jugar, y ninguno era fácil. El número 14 está clasificado como el más difícil del campo, un par 4 largo y cuesta arriba. Un golpe sólido con un palo de 3 me dejó a unas 200 yardas de distancia de la bandera, y después de consultarlo decidí desplegar mi mejor juego. Evitando el gran búnker frente al *green,* pegué un golpe que me hizo quedar a 50 yardas del hoyo. Los comentaristas de CBS pusieron en duda mi estrategia de jugar al seguro y de evitar el peligro del búnker, a lo que yo contesté:

—Saqué del juego al búnker, a Salinas, a Carmel y a la mayor parte de Monterey.

Pero como el que ríe último ríe mejor, di un golpe que me dejó a seis metros del hoyo, y en el tiro siguiente la metí en el hoyo.

No hay nada mejor que el sonido de la risa, pero cuando la multitud pasa de un cortés silencio a un clamor ensordecedor en un segundo, aquello fue casi tan agradable como una carcajada. Los fanáticos seguían gritando mientras Jesper y yo nos abrazamos y luego nos

pusimos a hacer muecas ante las cámaras junto al comiquísimo David Feherty, de CBS.

—Yo y Jesper estamos monopolizando todo el
mercado de *argyle* —bromeé—. Somos los Starsky y
Hutch europeos.

Para cerrar, hice otro par/*birdie* neto largo que
cayó en el hoyo número 15 y me puse a bailar un cha-cha-cha al estilo de Chi Chi Rodríguez ante las cámaras. Y con eso, Jesper y yo
estábamos a 20 bajo par. Desgraciadamente, parecía que muchos jugadores estaban aprovenchando la temperatura cálida y las condiciones
de recepción, y de pronto 20 bajo par ya no parecía tan seguro. En el
número 18, Jesper afianzó un poco nuestra posición al hacer un *birdie*
que nos llevó a 21 bajo par.

Nos encaminamos hacia el campo para practicar… y esperar.
Preocupados por si clasificaríamos, resultaba difícil concentrarse.
Todo parecía bien, tanto que varias personas nos dijeron que aquello
era cosa hecha, pero yo no canté victoria hasta que hube confirmado
que tenía un tiempo para jugar la mañana del domingo. El golfista de
torneos profesionales Woody Austin, quien sin que yo lo supiera
había estado observando mi juego, me sugirió que colocara la pelota
ligeramente hacia atrás, para hacer contacto más rápidamente y pe-
garle mejor. Naturalmente, a partir de ahí mis tiros iban más lejos. No
extraordinariamente lejos, pero sí se notaba la diferencia.

Me llevé ese consejo (y la bolsita con el amuleto) al campo de
golf la mañana del domingo. Los que se casificaron llegaron a 19 bajo
par. Nosotros estábamos entre esos. Mientras me calentaba en el
campo de práctica, Mark O'Meara, ex campeón de los torneos
Abierto y Masters Británicos, me felicitó y me dijo:

—¡Qué clase de jugador!

Cuando ya él no podía escuchar, me volví a Scott y le dije
al oído:

—Mark O'Meara en el torneo Hope me dijo: "Hola". Aquí,
me dijo: "Qué clase de jugador". ¿Puedes creerlo?

Para la ronda final jugamos en trío con un profesional llamado
Mark Hensby, un tranquilo pero increíblemente agradable australiano

que había logrado llegar al Torneo PGA luego de una exitosa temporada en 2003 en el Nationwide Tour, de las ligas menores del golf. Jesper empezó tirando *birdies* en los números 1, 2 y 4. Yo añadí un par/*birdie* neto en el número 5. En el sexto hoyo, par 5, golpeé duro con un hierro de 9 desde una colina de hierba suave hasta un pie de distancia, e hice un *eagle* neto que nos puso 27 bajo par.

En el séptimo hoyo, par 3, de Pebble, famoso tanto por lo corto como por lo hermoso, di exactamente el mismo golpe que había tirado en el *green* el sábado; un tiro suave con el palo *wedge*, sólo que ahora, con el largo adicional que había logrado usando la sugerencia de Woody Austin, mi golpe del domingo voló por encima del *green* y cayó en un hueco de arena. Jesper dio tres golpes para un *bogey*, yo no podía hacer un milagro, y perdimos un golpe. Jesper se esforzó en los segundos nueve, y yo me las arreglé para hacer dos pares/*birdies* netos que nos pusieron en 28 bajo par. Parados en el *tee* en el número 16, estábamos a seis tiros del ganador. No íbamos a ganar, pero no habíamos terminado aún.

Yo hice un par/*birdie* neto en el número 16, y cuando Jesper hizo un *birdie* en el 17 alcanzamos nuestra meta: 30 bajo par, una cifra que no hubiéramos podido ni imaginar luego de terminar la primera vuelta con un escaso 2 bajo par. Fuimos a jugar y no decepcionamos a la gente. Ni nos decepcionamos nosotros. Para mí, tan sólo el hecho de haber sido invitado fue muy emocionante. Clasificar fue una victoria en sí misma. Terminar tan por delante de todas las otras celebridades, y empatados para un tercer puesto, era tan absurdo como la posibilidad de que un niño pobre del Valle jugara golf y fuera invitado por Clint Eastwood a jugar en el AT&T…

El recuerdo que no se separa de mí es el de ese domingo, mientras caminaba hacia el *fairway* dieciocho en el hoyo final más famoso del golf. Caminaba junto a Mark Hensby, estábamos disfrutando el momento, y comenzamos a hablar acerca de cuando éramos niños. Me dijo que, de muchacho, le habían dicho que nunca llegaría a nada en el golf. Yo le dije que no tuve padre. Y sin embargo, a pesar de esa falta de estímulo y apoyo que compartíamos, ambos logramos llegar hasta aquí, el más venerado de todos los campos de golf.

En términos de golf, comencé mi vida 8 por encima del par y sólo pude salir de ahí cuando ya tenía cuarenta años de edad. En Pebble Beach lo logré con creces. Ese soleado domingo, en el hoyo 18 me convertí en mi propio héroe. Me convertí en el héroe que nunca conocí de niño.

TE AMO

Ah, esas dos palabras mágicas.

Alguna gente, hombre:

—Oh, Dios mío, te amo tanto. ¿Recibiste mi e-mail? Oh, Dios mío. Oh, Dios mío. Estoy tan… Oh, Dios mío… tan absolutamente enamorado. Te amo. Oh. Dios mío.

¿La mayoría de nosotros? Si quieres empezar una discusión, tan sólo haz esta pregunta: "¿Me amas?".

—Ay, chinga, vuelta a lo mismo. Ni siquiera podemos salir a comer porque cada vez que salimos empiezas con alguna babosada.

—¿Me amas?

—Te dije hace tantísimo tiempo que sí. Presta atención. ¿Memmer?… ¡U Memmer! Cuando recibiste ese cheque de los impuestos. No el del estado, sino el federal.

—Pero, ¿me AMAS?

—¿Estoy aquí, no? ¿Dónde estoy? Todas mis herramientas están en casa de tu mamá, no me voy para ningún lugar. Tú me diste la firma 'pa la troca. No me voy a ningún lugar.

Parece que los hombres latinos son los que tienen mayor dificultad para comprometerse. ¿Cuál es el resultado de esto? Un montón de blancos casándose con latinas. Oigan, yo no

culpo a una latina por estar con un blanco. ¿Saben por qué? Porque ellas también quieren ser propietarias de casa. Si te quedas con el latino, ¡vas a quedarte rentando toda la vida!

—¡Ya te lo dije, cuando mi mamá se muera tendremos la casa! No sé cuándo se va a morir... Pregúntale tú. Pregúntale.

Las madres son otra razón por la que tantos blancos están entrando en la familia. A las mamás les encantan los hombres blancos:

—Ay, mira, qué agradable es. Trata a Lilly con respeto. No como un loco, no como un loco de cabeza rapada.

Sí, y cada vez que el tipo se aparece tiene una botella de Crown Royal, el pase de acceso total a cualquier hogar mexicano, incluso si no saben tu nombre:

—Ah, Crown Royal. Entra, Crown Royal. Mira, siéntate en la silla buena, la que se mece. Cuidado, que tiene el brazo roto.

Pero las blancas son diferentes. Porque cuando acaban de conocer a nuestra familia, están tratando de caer bien:

—Oh, my God, ¿crees que le voy a gustar a tu mamá, que le voy a gustar de verdad? ¡Quiero que piense que soy lo mejor!

Nunca le vas a gustar porque ellas no se gustan entre sí. ¿Cómo diablos les vas a gustar?

Así que llegas al barbecue que están haciendo en el patio trasero, y todos los parientes están alrededor de ella, tomados de las manos con Ms. Pelo Rubio. Y entonces comienzan:

—Ay, mira, Britney Sparks, la cabrona. La Britney Sparks. Mírala, con las uñas de los pies pintadas, 'ta loca, uñas pintadas, nombre.

Aun así, ellas quieren caer bien.

—Oh, my God, ésa es tu mamá. Dime otra vez, quiero que tu mamá... ¿cómo puedo ser latina?

—¿Cómo?

—¿Qué cómo puedo ser latina? Dime, ¿cómo puedo ser latina?

—¿Tú quieres ser latina? A ver, pues ponte un sostén negro con una blusa blanca. Píntate con el delineador, pero sin el creyón de labios. Sácate las cejas y luego vuélvetelas a pintar. Sí, ése es un buen comienzo.

Un Día
del Padre

Guardé esta historia para el final.

Sucede en Santa Barbara, durante una salida de fin de semana que hicimos Ann y yo. Estábamos conduciendo por la ciudad y vimos a un niño, pequeñito y moreno, sentado junto a un improvisado kiosco de limonada en una tranquila esquina. Yo conozco a ese niñito, pensé, parado y sin compañía en una calle sin salida, siempre menospreciado, aunque sólo está tratando de crecer y de ser un buen chico. Ése soy yo. Detengo el auto y lloro durante veinte minutos.

Es el niñito del que hablaba mi terapista, el niñito que tan a menudo estaba solo, el que, dijo, yo debería hacerme la idea de que está ahora junto a mí, porque es importante que ese niñito sepa que todo está bien, para hacerlo sentir seguro, igual que hice en Austin, de que puede contar conmigo.

Bueno, niñito, esto es lo que te diría:

Parte del dolor se alivia a diario. Por ejemplo, el pasado diciembre, cuando serví de Gran Mariscal en un desfile que comenzó en mi vieja escuela primaria y terminó en mi campo de la liga juvenil de béisbol. Vi una gran cantidad de rostros del pasado e hice muchos nuevos amigos que estaban orgullosos de lo que yo había logrado. Orgullosos de que no me hubiese olvidado de donde salí. Y no me olvidaré. A través de la fundación CARE (Community and Arts Re-

sources for Education[1]), Ann y yo y el senador por
California Richard Alarcón, el hombre al que apoyo
para próximo alcalde de Los Angeles, hemos ofrecido
donaciones y becas para ayudar a mucha gente nece-
sitada en el Valle de San Fernando. Nuestros esfuerzos
han ido desde la compra de un camión para un banco
de comida que sirve a treinta mil personas al mes, hasta ayudar a la
Compañía de Teatro Latino y patrocinar entrenamiento de liderazgo
para el Programa de Jóvenes Senadores.

Aun así, niñito, tú sabes que algunas cicatrices no se han sanado.
Cada vez más en estos tiempos me pongo a pensar en la casa de Hager
y vuelvo a sentir emociones terriblemente complejas. Mi abuela tiene
ahora ochenta y cuatro años y su salud no es buena. No sé cuánto
tiempo más estará con nosotros. Creo que estoy preparado para el día
en que se reúna con mi abuelo, pero todavía estoy esperando que me
diga, "George, estoy tan orgullosa de ti".

Como me preguntó una vez mi terapista, ¿te enojarías con un
ciego si llegara a tu casa y tropezara con una lámpara y la rompiera?
Por supuesto que no. Esa persona es ciega. Ésa es Benny. No puede
comunicar… es incapaz de expresar alegría. En cierta forma, tal vez
debido a todo lo que ha sufrido, ella ve la felicidad como una debilidad. No ve que en mi programa y en mi acto le he dado un legado.

Pero, ¿sabes qué, niñito? Quizás yo tampoco veo tan bien las
cosas. Hace poco fui con un amigo a la casa de Hager y él tuvo que
señalarme las tres fotos enmarcadas y cuidadosamente colgadas encima del sofá. A la izquierda, una de mis primeras fotos publicitarias
—George López, Comediante—, con medio tubo de gel en el pelo;
en el medio, una foto mía posando con actitud desafiante, vestido de
esmoquin y actuando en un club de Las Vegas; y a la derecha, la foto
final: yo el día de mi boda, abrazando a Benny, los dos todo sonrisas.
En realidad, nunca antes había notado esas fotos.

Mientras observaba el interior de la casa, vi docenas de otras
fotos que en realidad yo nunca había captado: en este caso, Mayan,

1. Recursos Comunitarios y Artísticos para la Educación.

sonriendo en días de fiestas, en cumpleaños, en Disneyland, en la foto de la escuela, mientras mi abuela habla tranquilamente, haciendo alarde de mis muñecos de cabeza oscilante que están desplegados encima de su televisor. Me detuve frente a una foto enmarcada de mi abuelo, con su rostro resplandeciente, su corbata roja, su traje negro y su característico sombrero. Y casi puedo oírlo decir: *Te he criado como si fueras mi hijo. Pase lo que pase, recuérdame siempre. Sé un hombre. Sé responsable.*

Con orgullo ahora, en su honor, puedo decir honestamente que he hecho las tres cosas. Profesionalmente, estoy superando mi propio nivel casi todas las veces que actúo, lo más reciente, un récord de 11,500 entradas para un solo *show* en Fresno, sobrepasando mis más grandes fantasías. Me he convertido en Alguien que tiene un programa y un acto de comedia, qué irónico Dios mío, basado en un humor que es cada vez más íntimo y que llega más al público. Una comedia que atrae a la gente hacia mí, cuando por tanto tiempo usé el humor como un arma para mantener alejada a la gente. Mientras que durante años rechacé absolutamente todos los intentos de penetrar el muro que protegía mis sentimientos, ahora las cosas me salen del corazón.

Y también he crecido como individuo. De esa casa fría y cruel de Hager, he avanzado hasta el abrazo amoroso y acogedor de mi esposa, con quien llevo diez años casado, y de nuestra hija de ocho años. Las noches más felices son aquéllas que paso en bailes de padre e hija, reuniones de padres y maestros o, sencillamente, acurrucado en el sofá con Ann y Mayan viendo *Cantando en la lluvia* y comiendo palomitas de maíz.

¿Cuántas mujeres, como regalo por el Día de los Enamorados, tomarían el viejo emblema de béisbol escolar escondido en tu gaveta de la derecha, haría una réplica exacta de la chaqueta del equipo deportivo que tu abuela se negó a comprarte y te la regalaría después de la grabación en vivo del programa? Ann lo hizo. Y aun antes de ponerme la chaqueta, me eché a llorar. Llorando a mares en medio del Escenario 4, abrumado por una acción tan considerada y cariñosa,

simbólica de una saludable relación familiar —esposa, esposo e hija—, algo que yo sólo había visto en la televisión.

Algunas personas pueden amar desde el principio, pero yo tuve que aprender. Tuve que aprender a amar y a devolver amor. Cuando Mayan nació, yo la cargaba. Posaba para las fotos. Hasta le cambiaba los pañales. Pero no me concentraba en ella. La televisión estaba encendida o yo estaba haciendo otra cosa. Pero entonces llegó un día, cuando ella tenía poco más de dos meses de nacida, en que me paré en la entrada de su cuarto y la miré domir. Y me di cuenta de que yo tenía más o menos la misma edad cuando mi padre me abandonó. Y pensé, *¿Cómo puede alguien irse y no regresar jamás? ¿Cómo PUDIERON?* Hoy en día sé que soy ya mucho más padre de lo que mi padre nunca fue. Ya soy mejor que mi papá.

Durante mucho tiempo quise encontrar a mi padre. Una y otra vez, la búsqueda incesante de algún tipo de respuesta ha servido de fuerza propulsora del programa, incluido nuestro episodio inaugural de la temporada de 2003, cuando, en uno de esos momentos en que el arte imita a la vida, le digo a Angie:

—Parte de mí siente que es demasiado tarde para perdonarlo después de todo lo que me ha hecho pasar. Pero no quiero estar enfadado con él el resto de mi vida… Sólo quiero conocerlo. Eso es todo lo que siempre he querido.

Sin embargo, ¿qué posibilidades existen de encontrar a un mexicano de apellido López después de más de cuarenta años, incluso uno que se llame Anatasio? Sobre todo sin poder servirse del ADN ni de un certificado de nacimiento. Acuérdense de que cuando mi supuesto padre desapareció para siempre se llevó mi certificado de nacimiento y unas cuantas ropitas de bebé. Veamos, ¿por qué? Me da la impresión de que el hombre tenía otra familia en México y, ¿no sería perfecto tener un pase gratis y seguro de la frontera para uno de SUS hijos? Luego, no hace mucho, mi abuela me reveló una noche un secreto que ella había sospechado desde hacía tiempo: que mi padre era otro hombre. Vacilante y lentamente, me dijo que ella creía que mi padre era "Guzmán, el fotógrafo". Éste era un fotógrafo de *familia* que tenía un estudio en Pacoima, un poco más arriba de Mission Hills.

Según mi abuela, Frieda pasaba muchísimo tiempo en la casa/estudio de este hombre en los meses anteriores a mi nacimiento, bastante tiempo como para salir embarazada. Así que, con la ayuda de Ann, ya llevo meses buscando a este hombre, a este Guzmán. Hemos revisado la guía local de teléfonos, los grupos fotográficos, los archivos públicos, he contratado investigadores privados, pero sin resultados.

En un momento determinado, Ann me preguntó:

—¿Estás seguro de que quieres encontrarlo?

—Tú conociste a tu padre, Ann —le dije—. Para ti es fácil decir eso. Déjame averiguarlo.

Pero a pesar de todos nuestros esfuerzos hoy en día no sé más de este hombre que lo que sabía cuando me enteré de su apellido. Todavia no sé su nombre. ¿Y sabes qué? Ahora estoy de acuerdo con Ann. Ya no me importa. He dejado de buscar a mi papá. Nunca estuvo vivo, nunca vivió en mi vida, ni por un segundo, así que ¿por qué voy a iniciar una relación con él ahora? ¿Qué voy a decirle? Hola, extraño. Hay cosas que es mejor dejarlas como están.

Porque, a los cuarenta y tres años, por fin he aprendido que durante mucho tiempo lloré por las cosas por las que no debía llorar: el padre ausente y la madre lejana; el montón de insultos desconsiderados y de abuso; la horrible autoimagen; las fotos que nunca se tiraron; las fiestas que nunca se celebraron. Cuán absolutamente destructiva puede ser una mujer.

Cuando lloro ahora, es por una *familia* de sentimientos sin la que nadie, no importa de qué tamaño tenga la cabeza o cuál sea el color de su piel, puede vivir. Y ésa es la gran diferencia.

¿Por qué lloras? No, dime de verdad.

¿Por qué? Pues porque por primera vez en mi larga y difícil vida, cabrón, el amor y la risa son *verdaderos*.

COMENTARIO FINAL

(O: CHICO Y EL HOMBRE DE "HARVARD")

Si a usted lo enviaran en busca del rostro cambiante de Estados Unidos, posiblemente fuera el recinto de la Universidad de Harvard el último sitio donde buscaría. Para la mayoría de nosotros, Harvard nos hace pensar en edificios de ladrillo cubiertos de hiedra y llenos de rígidos viejos blancos, Thurston Howell Terceros y sus blanquísimos descendientes, sentados en algún pomposo club lleno de libros, diciendo: "¡Caramba, que excelente sugerencia la que me ofreciste sobre esa acción de la Standard Oil, Jasper, ¿y cómo se encuentran Muffy y las niñas?"

La realidad es que, de los cerca de 6,600 estudiantes matriculados actualmente en Harvard —y créanme que no se trata de un chiste— un 34 por ciento son latinos, negros y otros no anglos. Si se cuenta a los estudiantes nacidos en el extranjero, esa cifra aumenta a casi 40 por ciento.

Según dijo William R. Fitzsimmons, el decano de admisiones estudiantiles, Harvard ha estado pasando por una "revolución" desde hace ya algún tiempo. Una revolución cultural en la que se está dando la bienvenida a "personas de gran talento, personas que no necesitan ponerse cremas para protegerse del sol" y que están siendo bienvenidas y celebradas como nunca antes en la que es posiblemente la más prestigiosa institución de estudios de alto nivel de la nación.

Digo todo esto como preámbulo para el sábado 28 de febrero de 2004, sin duda uno de los días más importantes de mi vida. Saben,

cuando el Decano Fitzsimmons habló además de un "ejemplo a seguir para todos nosotros, una inspiración para todos los que estamos aquí", se encontraba en el escenario del histórico Sanders Theatre, pocos segundos antes de que el Dr. S. Allen Counter, *chairman* de la prestigiosa Harvard Foundation, presentara el galardón de la fundación al Artista del Año en 2004.

Cuando Ron me enseñó la carta que decía "Confidencial", pensé que estaba bromeando. ¿Yo? ¿Un chico de un barrio pobre con una vida traumática honrado como el *Artista del Año?*

¿Por Harvard? Vamos. No juegues.

Pero entonces leí la carta más atentamente. Me invitaban a recibir el "galardón de artes escénicas y humanitarismo" de Harvard por mis "destacados aportes a las artes escénicas" y mis "ampliamente respetados aportes humanitarios a través de la George & Ann López-Richie Alarcón CARE Foundation", y pensé, *Oh, Dios mío,* esta gente está hablando en serio.

Así que ese último fin de semana de febrero Ann y yo y Ron y Julia Johnson, de ABC, viajamos hasta Boston para lo que acabó siendo una experiencia casi surrealista. El evento en sí empezó cerca de las doce del mediodía, el sábado, con una recepción en Kirkland House, donde no sólo fuimos recibidos por los profesores Tom y Verena Conley, anfitriones del lugar, sino también por la estrepitosa banda de Harvard y un grupo muy variado de cerca de doscientos estudiantes y profesores. Después de ganarme la distinción de hacer la primera pose de vato en la historia de Kirkland House, presenciamos una serie de excelentes actuaciones cómicas y parodias en las que satirizaban mi vida artística y personal, escritas e interpretadas por los estudiantes.

Pusieron a Ernie a dormir con Angie; recrearon mis "exitosos" bocadillos en el cine (que fueron dichos realmente por Paul Rodríguez y Edward James Olmos); pusieron a Benny con una manta mexicana envuelta en la cabeza y quejándose a gritos de que "probablemente lo despidieron porque es un perdedor igual que su padre", mientras, uno tras otros, los estudiantes decían mis frases característi-

cas: *Right Now Right Now, Memmer?... U Memmer!
Later... later, No Nintendo, I know, eh,* todas en el momento adecuado.

Después de la recepción cruzamos el salón hacia un maravilloso almuerzo. Desde el estrado vi tanta esperanza y orgullo en docenas de rostros, y oí al Dr. Counter hablar con tanto orgullo de una familia latina de un pueblito de Canadá que ha enviado a cinco —cuéntenlas, cinco— hijas a Harvard con becas. Luego de escuchar tributos de Martha Casillas (de la promoción del 2005), una becaria de la fundación, y de recibir regalos de gente como Raudel Yanez (del 2006), presidente de Raza en Harvard, le llegó el turno al Dr. Counter. Y mientras este amable gigante hablaba, yo apenas podía creer lo que estaba escuchando.

—Puedo decirles que George López es uno de los mejores individuos que he conocido y una de las personas más sinceras y decentes que hemos tenido en Harvard —dijo—. Todos nosotros le expresamos nuestro más profundo agradecimiento por su gentileza, su presencia, su talento, su arte y lo que usted representa para nosotros.

Entonces llegó el momento en que el Dr. Counter presentara a uno de sus amigos más antiguos y estimados, David L. Evans, el hijo de un granjero que fue a Harvard con una beca financiada por un miembro fundador de Time Inc. David, ingeniero brillante y lo bastante gracioso como para hacerme competencia, es ahora funcionario principal de admisiones en Harvard College. Desde que pasó a admisiones en 1970, David ha sido la fuerza propulsora de la diversidad en la universidad; ha sido sobre todo gracias a su esfuerzo que Harvard ha abierto su mente y sus aulas a las personas de otras razas. Por eso fue que sus comentarios finales me impresionaron tanto. Nuevamente, no podría creer lo que estaba oyendo.

—Quisiera decirles a George y a Ann, gracias por venir, y te comparo, George, con Will Rogers y con Bill Cosby, dos personas con mucho, mucho talento para la comedia, pero con una perspectiva amplia de la realidad —comenzó a decir—. Ellos tuvieron una influencia enorme en los cambios positivos en nuestra sociedad. Tú estás en la misma liga. Tú también eres una de las pocas personas

que aún llegan a lo que algunos sociólogos llaman lo inalcanzable. Y lo haces tan bien. Por eso estoy tan contento de que hayas establecido contacto con estudiantes de Harvard, y espero que ustedes, los estudiantes, se mantengan en contacto con George y con Ann, si vamos a lograr en este siglo veintiuno lo que Martin Luther King y César Chávez y otros lograron en el siglo veinte. La historia sería cruel con ustedes si mirara y dijera, "Cuando Chávez y King salieron al frente, todavía había leyes de discriminación en este país, había leyes agrícolas medievales en este país", pero ellos persistieron de todos modos y triunfaron. Cuando ustedes, que representan a las clases del 2007, del 2006, del 2005 y del 2004... todas estas personas, ¿qué hicieron? Y ustedes no serán capaces de decirles a sus nietos: "Bueno, tuve que hacer los pagos de mi Lexus". Así que piensen en George, piensen en Ann y piensen en tener éxito. Se puede tener éxito sin amor y se puede tener amor sin éxito. Pero cuando juntan esas dos cosas y regresan y miran esas palabras nuevamente, dentro de esas palabras está la palabra *desinterés*. Y él es desinteresado. Y por eso es que le deseo lo mejor. Gracias, George.

Al poco tiempo llegó la hora de dirigirnos hacia el Sanders Theatre, donde dos mil estudiantes estaban esperando para verme recibir el galardón al Artista del Año y, tan importante como eso, presenciar el décimo noveno concierto anual Cultural Rythms que va con ese honor.

Cultural Rythms es la creación de Dr. Counter, y se inició en 1985 como un medio para que los estudiantes de Harvard de todas las procedencias étnicas y culturales se reunieran y celebraran la diversidad cultural, cada vez mayor, de la universidad a través de actuaciones artísticas y ofertas culinarias. Hoy en día, más de cuarenta organizaciones de estudiantes participan en el evento, donde comparten expresiones culturales étnicamente diferentes, al tiempo que aprenden más de lo que nos une como personas.

Y debo decir que lo que vi en ese escenario durante dos horas me dejó atónito. Actuaron dieciocho
grupos diferentes, cada cual más increíble. Desde los
'07 Steppers, patrocinados por la Asociación de Estudiantes Negros, a Fuerza Latina, pasando por Harvard
Bhangra (danza india folclórica fusionada con muy
buen hip-hop), la asombrosa magia de las artes marciales de Harvard
Wushu, de noventa miembros, los cantos de gospel de los Kuumba
Singers, que hicieron que se cayera abajo el auditorio, para sólo nombrar unos cuantos; todos me dejaron física y espiritualmente atónito.

Lo que hizo todo más asombroso no fue sólo la increíble energía, una corriente eléctrica que expresaba orgullo, espíritu y talento,
sino también la mezcla de influencias mutuas de cada grupo: estudiantes irlandeses católicos y asiáticoamericanos usando sombreros
como miembros del Mariachi Veritas de Harvard; blancos, asiáticos,
morenos y negros cantando como uno solo en Kuumba; el estudiante
pelirrojo dando patadas con botas de caucho de minero como parte
de Gumboots Dance Troupe, que rindió homenaje a los subyugados
mineros sudafricanos. Era increíble. Una actuación tras otra reso-
nando con el rico espíritu intercultural que falta en tantas otras escue-
las, no digamos en nuestra *sociedad*.

Y ahí estaba yo, sobre el escenario, no sólo presenciando de
cerca, sino también siendo honrado como un ejemplo a seguir por los
que espero que un día sean el próximo Freddie Prinze Sr. o Richard
Pryor o, como enfatizó David Evans, el próximo César Chávez o
Dr. King. O tal vez hasta el próximo yo.

Pensé todo eso y más cuando estaba sobre el escenario, con una
magnífica placa de *Harvard* en la mano, pestañeando para aguantar
las lágrimas, mientras el público se ponía de pie para aplaudir al artista
del año.

—No preparé ningún discurso porque quería hablar con lo que
he aprendido a hablar recientemente: mi corazón. Quiero hablarles
de una mujer con la que he estado casado durante diez años, mi esposa, Ann, quien, para decir la verdad, me salvó de mí mismo. Quien
me salvó de destruirme debido a mi procedencia. Quien me salvó de

malgastar mi vida, de beber hasta morirme, sin realizar nunca mis sueños debido a mi pasado, con una fe y un amor genuinos, de veras, ella es la primera persona que me amó real e incondicionalmente.

—Y luché contra eso. Los mexicanos somos machos, ustedes lo saben. Ella me decía "Te amo" y yo le decía *Ya te dije que te quería, deja eso. Estoy aquí, ¿no?* Lo que he aprendido de Ann es que hay tantas cosas de las que tengo que estar agradecido…

—No pensé que algún día estaría aquí, en Harvard, parado ante gente de Harvard, y a todos los fantásticos muchachos y artistas que están hoy aquí, les digo, ustedes son mis héroes, mi idea de lo que es la esperanza y la perseverancia. Y el orgullo. Y el hecho de que sean tan jóvenes y tan orgullosos… hace sentir muy orgulloso a un mexicano viejo.

—Y les prometo esto: hay un cierto prestigio que viene de ser el único latino con un programa en una cadena nacional de televisión, y voy a usar todo mi poder para hacer algo bueno. Desde este día en adelante, gracias a ustedes y a lo que he visto hoy, lo más importante serán siempre aquéllos a quienes pueda ayudar.

Los agradecimientos de Armen

Por su propia naturaleza, los viajes de este tipo no pueden hacerse solo. Necesitan de todo tipo de ayuda, tanto personal como profesional. Considerando eso, quisiéramos ofrecer nuestro más sentido agradecimiento a aquéllos que, con el tiempo, a menudo cuando más lo hemos necesitado, nos han extendido su mano y nos han brindado orientación crucial y dirección.

A Jack Romanos, por su fe y su ayuda desde su alta posición; al extraordinario agente literario Basil Kane, sereno y perceptivo como siempre; a Jonathon y Amy Fleming, por su bello lugar de descanso en Pimlico Pond y esa semana tan especial; a mi buen amigo Scott Gummer, quien hizo posibles a Pebble Beach, al golf y a Ernie Arellano; al *consigliere* Frank Pace, por su perspicacia y sus consejos, y por haberme abierto la puerta al mundo de G. Lo; a su asistente Karen Pagtama, siempre amable y eficiente; a Sean McManus y Tony Petitti, presidente y productor ejecutivo, respectivamente, de CBS Sports, por su comprensión y por permitir una pausa en medio de la locura de marzo; a Ron De Blasio, quien con tanta facilidad convierte el manejo del talento en un arte; a su hábil asistente, Chetan Balachandra, quien hace posible que las cosas sucedan.

Al infatigable apoyo de la pandilla de Simon & Schuster, sobre todo en Touchstone/Fireside: el director Mark Gompertz; la subdirectora Chris Lloreda; la experta publicista Laurie Cotumaccio; la

editora de producción Martha Schwartz; y la asistente editorial Ally Peltier.

A nuestra editora, Cherise Davis, quien parece poseer la más singular de las cualidades literarias —fe e inspiración sin límites— y la capacidad de elevar el nivel de la calidad sin lastimar a ninguno de los participantes, además de una voz y una visión que nos acompañó en todo el trayecto, añadiendo profundidad y esencia a cada página.

Y finalmente a Ann y, sobre todo, a George. Ningún autor podría desear mejores viajeros o amigos en este recorrido.